西藏特色产业高质量发展系列研究报告

西藏边贸物流产业高质量发展研究报告

2021

刘妤 王璐瑶 戴婧妮◎编著

XZCB 西藏人民出版社

图书在版编目（CIP）数据

西藏边贸物流产业高质量发展研究报告. 2021 / 刘妤, 王璐瑶, 戴婧妮编著. -- 拉萨 : 西藏人民出版社, 2022.8
ISBN 978-7-223-07141-3

Ⅰ. ①西… Ⅱ. ①刘… ②王… ③戴… Ⅲ. ①物流—产业发展—研究报告—西藏—2021Ⅳ. ①F259.277.5

中国版本图书馆CIP数据核字(2022)第080956号

西藏边贸物流产业高质量发展研究报告（2021）

编　　著　刘　妤　王璐瑶　戴婧妮
责任编辑　仁青才让
封面设计　格　次
出版发行　西藏人民出版社（拉萨市林廓北路 20 号）
印　　刷　西藏福利印刷厂
开　　本　787×960　1/16
印　　张　13.75
字　　数　180 千字
版　　次　2022 年 12 月第 1 版
印　　次　2022 年 12 月第 1 次印刷
印　　数　01-1,500
书　　号　ISBN 978-7-223-07141-3
定　　价　40.00 元

总　序

建设团结富裕文明和谐美丽社会主义现代化新西藏的题中应有之义

一

党的十八大提出："要适应国内外经济形势新变化，加快形成新的经济发展方式，把推动发展的立足点转到提高质量和效益上来，着力激发各类市场主体发展新活力，着力增强创新驱动发展新动力，着力构建现代产业发展新体系，着力培育开放型经济发展新优势，使经济发展更多依靠内需特别是消费需求拉动，更多依靠现代服务业和战略性新兴产业带动，更多依靠科技进步、劳动者素质提高、管理创新驱动，更多依靠节约资源和循环经济推动，更多依靠城乡区域发展协调互动，不断增强长期发展后劲。"这一战略举措标志我国经济发展全面转向以提高质量和效益上来。党的十九大作出"中国特色社会主义进入了新时代"的重大论断，新时代"我国经济已由高速增长阶段转向以高质量发展阶段，正处在转变发展方式、优化经济结构、转换增长动力的攻关期"。高质量发展意味着高质量的供给、高质量的需求、高质量的配置、高质量的投入产出、高质量的收入分配和高质量的经济循环。"建设现代化经济体系是跨越关口的迫切要求和我国发展的战略目标"，"必须坚持质量第一、效益优先，以供给侧结构性改革为主线，推动经济发展质量变革、效率变革、动力变革，提高全要素生产率，着力加快建设实体经济、科技创新、现代金融、人力资源协同发展的产业体系"。新时代实现"两个一百年”奋斗目标、实现中华民族伟大复兴的中国梦，不断提高人民生活水平，必须坚持社会主义市场经济改革方向，推动经济持续健康发展。

面对新形势、新要求，西藏自治区党委团结带领全区各族人民，坚持习近平新时代中国特色社会主义思想，肩负国家重要使命，科学谋划雪域高原特色产业高质量发展布局，精心凝炼特色产业发展重点，全面推进西藏经济高质量发展，为祖国西南边疆富裕文明和谐美丽奠定坚实的产业高质量发展基础。

西藏聚力发展特色产业具有重大现实意义。第一，西藏聚力发展特色产业，是构建具有区域特色现代产业体系的重大举措。加快发展高原生物产业，有助于进一步优化特色农牧业产业结构；有利于建成一批特色农产品生产基地，带动西藏地区经济高质量发展，提高特色农产品市场竞争力与占有率；有助于加快西藏藏医药科技创新和标准化体系建设。加快发展文化旅游产业，有利于提升西藏旅游的便利度、友好度、知名度和可进入性，进一步凝练具有西藏特色的旅游品牌形象。加快发展清洁能源产业，有利于充分利用西藏极为丰富的特色能源资源，打造我国重要的清洁能源供应基地，为国家实施“双碳”战略做出贡献。加快发展绿色工业，有助于提升优质矿产资源开发效益，推进建材资源开发和促进西藏特色手工业高质量发展，以实际举措延长产业链、供应链和价值链。加快发展现代服务业，能够进一步推进具有中国特色的现代教育、养老、卫生、健康等体制机制创新，促使生产性服务业、管理性服务业和新兴服务业体系更加完善、机制更加灵活、服务质量进一步提升。加快发展高新数字产业，制定和落实好促进信息产业高质量发展优惠措施，有助于进一步构建网络化协同创新体系。加快发展边贸物流产业，完善商贸流通体系，加大交通干线、口岸要镇仓储物流培育力度，完善城乡商业网点和物流配送体系，能够降低成本以及提升西藏自产商品市场占有率和综合竞争力，促进西藏经济高质量发展。

第二，西藏聚力发展特色产业，是推进产业富民工程的主要体现。西藏聚力推动高原生物产业快速发展，积极发展高原特色农畜产品加工、绿色农牧业、藏药和生物医药产业，有利于生产更多高原健康绿色产品，提高市场化竞争力，使生产者和经营者获得更多收益。推动特色文化旅游产业全域发展，提高文化旅游产业的综合效益，有助于实现旅游富民。推动绿色工业规模发展，重点推动天然饮用水产业加快发展，布局好绿色矿产业，推进装配式绿色建筑应用等产业，在有效解决建材市场供需矛盾的同时，促进西藏消费者获得物美价廉的相关产品。积极发展清洁能源产业，构建以水电为主、多能并举的清洁、经济、稳定、可持续发展综合能源体系，进一步夯实国家重要“西电东送”接续基地战略地位，为西藏各族人民走向更加美好的生活提供能源保障。推动现代服务业整体发展，积极发展城市服务业、金融服务业、工业服务业、农业服务业，助力产业高质量发展、扩大社会就业，满足群众对美好生活需要。推动高新数字产业创新发展，有利于加快高新数字产业自身培育发展，赋能其他产业升级换代，为加快建设团结富裕文明和谐美丽新西藏培育更具活力和更有富民内涵的特色产业集群。推动边贸物流产业跨越发展，发展口岸经济，促进“双循环新格局”构建，带动边境地带群众增收致富，促进西藏各族人民在南亚大通道建设中收获不断增长的物质财富。

第三，西藏聚力发展特色产业，是支撑就业优先战略的重要举措。实施就业优先战略，就是要把促进就业放在经济共享发展的优先位置，作为经济高质量发展的优先目标，强化政府责任，加大资金投入和支持，积极培育发展能够容纳吸引更多从业者就业的朝阳产业和新业态，使就业优先成为思想共识、决策导向、行动自觉。西藏聚力发展特色产业，加大就业资金安排和整合力度，推动重大项目、高新技术项目和就业容量大的中小微企业加快发展，拓宽就业渠道，提升就业服务精准度、覆盖面、实效性。壮大产业带动就业，进一步改善困难群体就业，动态消除零就业家庭，使调结构与促就业形成良性互动态势。西藏聚力发展特色产业，完善就业政策，使更多就业、创业机遇涌现出来；实施重点产业优先发展战略，有助于加快推进统一、规范、灵活的人力资源市场建设，更好发挥市场在人力资源配置中的基础作用，使市场就业、区外就业取得新突破。

第四，西藏聚力发展特色产业，是形成“两屏”战略布局的重要支撑。“两屏”，即党中央在召开第五次、第六次西藏工作座谈会上提出，西藏是重要的国家安全屏障，也是重要的生态安全屏障。这是党中央根据西藏特殊区位条件和地理环境做出的科学定位，是对西藏各族人民的充分信赖，寄托了殷切期望。西藏自治区党委、政府在深入贯彻落实习近平新时代中国特色社会主义思想，贯彻落实习近平总书记关于总体国家安全观和治边稳藏重要论述，牢固树立总体国家安全观，全面提升维护国家安全能力和水平基础上，提出聚力发展特色产业，就是要通过加快发展特色产业为筑牢“两屏”提供坚实的物质基础。

第五，西藏聚力发展特色产业，是实现新型工业化、城镇化和全面实施乡村振兴战略等重大任务的现实路径。工业化与城镇化是欠发达地区实现经济高质量发展的必由之路。新型工业化与城镇化是现代化进程的一对孪生子，以城镇化推进工业化，以工业化促进城镇化，是新型工业化道路的重要内容，也是促进城镇化发展的有效途径。聚力加快发展特色产业，能够激发西藏经济活力，培育创新科技，加快西藏新型工业化和城镇化发展。积极推进特色产业高质量发展，进一步加快培育农业现代化的市场主体，推进农村产业现代化、市场化、信息化，以实际行动推进乡村振兴战略深入实施。

二

“十三五”时期是西藏与全国一道全面建成小康社会的决胜阶段，是发挥资源和区位优势，加快提升产业发展质量和效益的关键时期。按照中共西藏自治区第九次党代会和区党委九届三次全会部署，统筹推进“五位一体”总体布局和协调推进“四个全面”战略布局，贯彻落实新发展理念，坚持市场作用和政府作用协同发力，坚持产业发展和生态保护和谐共生，以提高发展质量和效益为中心，以推进供给侧结构性改革为主线，以创新驱动为引领，以改革开放为抓手，着力聚焦四条发展路径，大力推动高原生物产业快速发展、特色文化旅游产业全域发展、绿色工业规模发展、清洁能源产业壮大发展、现代服务业整体发展、高新数字产业创新发展、边贸物流产业开放发展，形成绿色环保、特色鲜明、优势突出、可持续发展的高原现代产业体系，加快实现从资源优势向经济优势、市场优势、竞争优势转化，为决胜全面建成小康社会提供坚实支撑。

2018 年，西藏自治区党委提出大力发展特色产业重大战略部署，强调以提高经济社会发展质量和效益为中心，大力培育具有西藏优势和市场竞争力的产业集群，重点发展高原生物产业、文化旅游产业、清洁能源产业、绿色工业、现代服务业、高新数字产业和边贸物流业等特色产业。西藏特色产业的发展重点包括：第一，加快发展高原生物产业。积极发展绿色农牧业，加强绿色农牧业基础设施建设，提高绿色农畜产品供给能力和产品品质，打造休闲农业；加快发展高原特色农畜产品加工，提升特色农畜产品加工技术研发和转化，打造高原特色绿色品牌，培育农畜产品加工龙头企业，构建新型农业经营体系；加快发展藏药和生物医药产业，加大高原作物深加工，全力打造藏成药知名品牌，加快生物制药和大健康产业创新发展。第二，加快发展特色文化旅游产业。构建“特色、全域、可持续、惠民”文化旅游产业体系。结合西藏优秀文化底蕴与核心要素，着眼打造重要的中华民族特色文化保护地和世界旅游目的地，开发特色精品旅游产品和线路，全面提高西藏旅游文化综合效益，扩大对外开放，全力塑造“游神圣第三极 · 享幸福新西藏”旅游品牌形象。第三，加快发展绿色工业。推动天然饮用水产业加快发展；布局好绿色优势矿产业，引进绿色开采技术，有计划地利用以锂为主盐湖矿产，铜、铅、锌等优势资源；积极发展绿色建材业，推进装配式绿色建材应用，合理布局建材业新增产能，有效解决建材市场供需矛盾；支持民族手工业创新发展，促进民族手工业上档次、上水平；加快发展节能环保产业，推动再生资源综合利用产业化。第四，加快发展清洁能源产业。重点发展水能、太阳能、风能、地热能。充分利用资源优势，加快能源基础设施建设，优化能源生产消费结构，改善民生用能条件，构建以水电为主、多能并举、互联互通的稳定、清洁、经济、可持续发展综合能源体系，积极推进重要的“西电东送”接续基地建设，把西藏打造成为国家清洁能源基地。第五，加快发展现代服务业。做大做强金融产业，坚持普惠金融和绿色金融，完善金融机构和市场体系；培育壮大新兴服务业，积极发展农业服务业、工业服务业、城市服务业，促进新兴服务业与现代农牧业、绿色工业、信息化、城镇化有机融合，提升新兴服务业高质量发展层次。第六，加快发展高新数字产业。重点发展大数据、互联网等信息技术应用、行业信息化解决方案、数字内容行业。深耕区内信息化市场，推动互联网、云计算、大数据、物联网等信息技术在经济高质量发展和社会政务管理等方面的广泛应用和深度融合，为西藏加快发展智慧旅游、平安城市、精准扶贫、维稳管控等提供有力支撑，打造智慧旅游试点城市和高原大数据中心试点城市。第七，加快发展边贸物流产业。完善边贸内贸流通体系，建设分级物流体系。建设出口商品生产基地。以共享共用为原则，完善商贸流通体系，加快发展口岸经济，加快推动内外贸易融合发展，加大交通干线、口岸要镇仓储物流培育力度，积极构建环喜马拉雅经济合作带，将西藏打造成为面向南亚开放的重要通道。

在中央特殊关怀下，在兄弟省市无私援助下，西藏自治区党委、政府团结带领西藏各族干部群众，扎实推进，西藏特色产业发展取得显著成效：第一，培育壮大高原生物产业。“十三五”期间西藏实施青稞增产、牦牛出栏行动，青稞产量、牦牛出栏头数比“十二五”末分别增长 12.2%、

25.2%，连续五年粮食产量稳定在 100 万吨以上，连续 3 年粮食安全省长责任制考核“良好”。农牧业产业化龙头企业 162 家，主要农作物综合机械化率达到 65%。农畜产品加工业总产值 57 亿元，比“十二五”末翻一番。第二，培育壮大文化旅游产业。“十三五”期间西藏创新推出了“冬游西藏”，旅游人次和收入提前两年完成“十三五”目标，分别是“十二五”时期的 2.3 倍、2.4 倍。农牧民参与乡村旅游就业 8.6 万人，年人均增收 4300 元。文化产业示范基地（园区）234 家，产值超过 60 亿元，年均增长 15%。第三，培育壮大清洁能源产业。“十三五”期间西藏澜沧江和金沙江上游清洁能源基地建设顺利推进，瓦托、金桥、加查等重要水电站投产发电。24 个扶贫光伏能源项目实现并网。累计外送电力 63 亿千瓦时，实现了西藏电力从紧缺限电到富余输出的历史性转变。第四，培育发展绿色工业。“十三五”末西藏规模以上工业企业 152 家，比“十二五”末增长 46.2%。天然饮用水销量年均增长 10% 以上，中成药年产量 3586 吨。绿色矿业稳定发展，铜锂等优势资源得到保护性利用。水泥年产量从 468 万吨增加到 1085 万吨，基础建材保障基本实现区内为主、区内外相互循环。第五，培育发展现代服务业。“十三五”期间西藏的市县乡村四级电商服务全面推开，网络零售额累计突破 200 亿元、增长 20 倍。社会消费品零售总额年均增长 9.3%。上市公司达 20 家、增长 81.8%，直接融资 103 亿元，金融业增加值占 GDP 比重提高 1 个百分点。第六，培育发展高新数字产业。“十三五”末西藏信息化指数从“十二五”末的 63.3 增长到 75.8。首个云计算中心获评国家绿色数据中心。首条计算机整机生产线落地建成，填补了西藏电子信息制造业的空白。软件和信息技术服务企业超过 300 家，数字经济规模突破 330 亿元。第七，培育发展边贸物流产业。“十三五”期间西藏城乡流通体系逐步完善，货运总量和周转量分别达 4093 万吨和 157 亿吨公里。19 家大型全国性电商和物流快递企业陆续落户，冷链仓储面积达到 11.3 万平方米。进出口贸易额累计约 230 亿元。总体来看，经过五年的产业培育与调整，产业链、供应链持续补齐建强，三次产业比例由“十二五”末的9:32.8:58.2调整为7.9:42:50.1，结构进一步优化，区位经济特色和优势产业的引领作用进一步彰显。

三

习近平总书记在中央第七次西藏工作座谈会上强调指出，当今世界正经历百年未有之大变局，当今中国正处在中华民族伟大复兴的关键时期。西藏是重要的国家安全屏障和生态安全屏障，是抵御美国等西方反华势力遏制分化中国图谋的前沿阵地，是维护祖国统一、反对民族分裂的重点地区。当前西藏工作呈现出新的阶段性特征，反分裂斗争进入关键期，社会大局进入实现长治久安的推进期，经济社会进入高质量发展的转型期，生态保护进入生态文明建设的深化期，边境建设进入富民强边的攻坚期。总书记概括的“五期叠加”的阶段性特征，反映出进一步做好西藏工作任务更重、难度更大、要求更高、使命更加光荣。我们必须保持清醒头脑、增强忧患意识，把形势估计得复杂一些，把风险挑战看得严峻一些，把各项工作做得更扎实一些，这样才能不断推进西藏长治久安，确保国家安全。面对新形势新任务，党中央确定新时代西藏工作指导思想为：坚持以习近平新时代中国特色社会主义思想为指导，全面贯彻习近平总书记关于西藏工作的重要论述和新时代党的治藏方略，增强“四个意识”、坚定“四个自信”、做到“两个维护”，坚持统筹推进“五位一体”总体布局、协调推进“四个全面”战略布局，坚持稳中求进工作总基调，深化反分裂斗争，铸牢中华民族共同体意识，推进藏传佛教中国化，提升发展质量，保障和改善民生，推进生态文明建设，加强边境地区建设，加强党的组织和政权建设，抓好稳定、发展、生态、强边四件大事，确保国家安全和长治久安，确保人民生活水平不断提高，确保生态环境良好，确保边防巩固和边境安全，凝心聚力建设团结富裕文明和谐美丽社会主义现代化新西藏。

“十四五”期间，西藏特色产业高质量发展的总体思路是：加快发展现代产业体系，推动经济体系优化升级，夯实产业基础，推进产业链现代化，提高经济质量效益和核心竞争力。第一，优化产业空间布局。根据城镇空间、生态空间、农业空间总体布局，综合资源优势、区位条件和产业发展基础，立足不同区域发展定位，发挥比较优势，因地制宜发展特色产业，推动清洁能源、文化旅游、高原生物、绿色工业、现代服务业、高新数字、边贸物流产业成为经济增长的重要引擎、转型发展的重要动力、人民幸福生活的重要指标、国民经济的重要支柱性产业、高质量发展的亮点和标志，产业增加值年均增长 10% 以上；第二，巩固提升传统产业。推动高原生物产业快速发展。推动特色文化旅游产业全域发展。推动绿色工业规模发展。推动边贸物流产业跨越发展。第三，发展壮大新兴产业。推动高新数字产业创新发展。加快信息技术与经济社会发展深度融合，促进互联网深度广泛应用，带动生产模式和组织方式变革，推动新一代信息技术与传统产业融合发展，实施互联网 +、人工智能、5G+ 赋能行动，形成网络化、智能化、服务化、协同化产业发展新形态。推动清洁能源产业壮大发展。加快流域综合规划编制，加快发展以水电、太阳能为主的清洁能源产业，全力推进清洁能源基地开发建设，打造国家清洁能源接续基地。推动现代服务业整体发展。加快生产性服务业向专业化和价值链高端延伸，大力发展研发设计、金融保险、节能环保、法律服务等服务业，加快推进服务业数字化；推动生活性服务业向高品质和多样化升级，加快发展健康、养老、育幼、体育、家政、物业等服务业。第四，完善高原特色产业综合扶持政策，坚持权利平等、机会平等、规则平等，坚决破除各种隐性壁垒，支持非公经济和中小微企业加快发展。落实西部地区鼓励类产业目录和国家各项财政、税收、金融优惠政策，完善高原特色产业综合扶持政策。加强银行信贷扶持，积极争取开发性、政策性金融支持，鼓励商业银行加大信贷投放力度，开发具有西藏特色的金融产品和服务，增强服务实体经济能力。积极推进地产产品研发推广应用，对本土资源加工类产品出藏运输费用给予财政补贴，增强保持产业链供应链稳定能力，加强供需动态匹配。构建有利于新技术、新产品、新业态、新模式赋能特色产业发展的政策环境。

四

2021年7月在庆祝西藏和平解放70周年之际，中共中央总书记、国家主席、中央军委主席习近平来到西藏，祝贺西藏和平解放70周年，看望慰问西藏各族干部群众，给各族干部群众送去党中央的关怀。习近平总书记指出，西藏和平解放70年来，在党中央坚强领导下，在全国人民大力支持下，西藏各族干部群众艰苦奋斗、顽强拼搏，社会制度实现历史性跨越，经济社会实现全面发展，人民生活极大改善，城乡面貌今非昔比。实践证明，没有中国共产党就没有新中国，也就没有新西藏。毋庸置疑，党中央关于西藏工作的方针政策是完全正确的。习近平总书记强调，要全面贯彻新时代党的治藏方略，坚持稳中求进工作总基调，立足新发展阶段，完整、准确、全面贯彻新发展理念，服务和融入新发展格局，推动高质量发展，加强边境地区建设，抓好稳定、发展、生态、强边四件大事，在推动青藏高原生态保护和可持续发展上不断取得新成就，奋力谱写雪域高原长治久安和高质量发展新篇章。习近平总书记指出，推动西藏高质量发展，要坚持所有发展都要赋予民族团结进步的意义，都要赋予改善民生、凝聚人心的意义，都要有利于提升各族群众获得感、幸福感、安全感。要扬长避短，因地制宜，深化改革开放，加快铁路、公路及其他重大基础设施建设，加快发展特色产业，加快建设国家清洁能源基地，统筹发展和安全，走出一条符合西藏实际的高质量发展之路。

2021年12月，中共西藏自治区第十次党代会提出，产业是高质量发展的根基。立足西藏经济社会发展实际，优化一产、壮大二产、提升三产，努力把资源优势转化为发展优势，积极培育战略性新兴产业，加快构建现代产业体系。加快发展文化旅游产业，坚持特色、高端、精品，丰富文化旅游产品，完善旅游基础设施，优化旅游业发展环境，创新旅游营销模式，促进文旅融合、提质增效。推动文化旅游产业全域全时高质量发展，实现文化产业产值翻一番；加快发展清洁能源产业，坚持水光风热互补、源网荷储一体，全力构建清洁能源“一基地、两示范”发展新格局。加快电力外送通道建设，着力建设国家清洁能源基地，打造新型电力系统示范区、清洁可再生能源利用示范区；加快发展绿色工业，重点推动绿色矿业、天然饮用水和民族手工业加快发展，开展战略性矿产资源和羌塘油气资源评估，推进扎布耶现代盐湖等产业开发，加快建筑业、建材业转型升级；加快发展现代服务业，着力发展研发设计、金融保险、节能环保等生产性服务业，重点发展健康、养老、育幼、体育、家政、物业等生活性服务业，更好服务实体经济和满足人民多样化需求。培育壮大消费市场，大力发展夜间经济。加快发展高原生物产业，坚持稳粮、兴牧、强特色，深化农牧业供给侧结构性改革，高标准建设一批青稞、牦牛等特色农畜产品生产基地和产业带。大力支持龙头企业加快发展，建强农牧民专业合作组织。加快发展藏药产业。加快发展高新数字产业，积极推动互联网、大数据、云计算、人工智能、卫星技术等新一代信息技术同经济社会发展深度融合，建设面向南亚数字港，推动产业数字化、数字产业化。加快发展边贸物流业，加强吉隆、樟木、普兰口岸基础设施和功能建设，实施边民互市进口商品落地加工。强化商贸流通体系支撑作用，推进城乡物流配送网络一体化，推动商贸流通体系向偏远乡村延伸。

2022 年 1 月，西藏自治区政府工作报告提出，抓根基支柱，培育壮大高原特色产业。第一，大力发展高原特色农牧产业，高标准建设一批特色农畜产品生产基地和产业带，有条件的县区打造 1—2 个特色产业园区。引进和培育若干农牧业产业化龙头企业。第二，大力发展清洁能源产业。建设金沙江上游和雅鲁藏布江中游水风光储多能互补基地，加快雅江水电龙头工程前期工作，积极推进百万千瓦级光伏基地和高海拔风电建设，有序推进“新能源 + 储能”试点示范，力争建成和在建装机 1600 万千瓦；第三，大力发展绿色工业。开展战略性矿产资源勘查，开工建设扎布耶万吨电池级碳酸锂项目，推进铜矿开发扩能提质。加快建筑业、建材业转型升级，引导绿色健康发展。天然饮用水产销量增长 20%。支持民族手工业发展，推动藏医药产业扩量提质增效。实现规模以上工业增加值增长 10%。第四，大力发展文化旅游产业。提升“冬游西藏”“文创西藏”影响力。优化旅游线路布局，打造 G219、G318 精品线路，推进文化旅游与乡村振兴、兴边富民深度融合，实现 3A 级以上景区智慧旅游覆盖面 50% 以上；第五，加快发展高新数字产业。积极融入“东数西算”布局，打造拉萨绿色数据中心集群和核心节点。加快工业互联网公共服务平台建设，在教育、医疗、交通、物流、矿山等领域培育 15 个 5G 应用示范，加速西藏数字“蝶变”。第六，加快发展边贸物流产业。建设两个以上冷链物流集散中心，构建城乡商贸流通一体化网络。推进边民互市贸易区、边贸市场和边贸点建设，实施边民互市进口商品落地加工，实现边境贸易和进出口贸易双增长。第七，加快发展现代服务业。积极发展研发设计、金融保险、节能环保等生产性服务业，支持发展健康医疗、养老育幼、家政物业等生活性服务业。培育新型消费热点，打造“西藏味道”美食街，发展假日经济、夜间经济。

习近平总书记指出，要走出一条符合西藏实际的高质量发展之路。西藏推进高原经济高质量发展具有良好的物质基础和巨大的资源优势。在“两个一百年”奋斗目标交汇的战略节点上，西藏特色产业高质量发展站在了新起点上，要围绕建成国家重要的战略资源储备基地、高原特色农产品基地、世界旅游目的地、清洁能源基地和面向南亚开放重要通道，打高原牌、绿色牌、特色牌，用好外力、增强内力、凝聚合力，切实把政策资源优势转化为经济高质量发展优势，让各族人民共享经济社会发展成果、奔向共同富裕，努力做到高原经济高质量发展走在全国前列！

五

2021年是中国共产党成立100周年，是西藏和平解放70周年，是“十四五”开局之年，站在实现“两个一百年”奋斗目标交汇新起点上，为全面总结和平解放70年来西藏特色产业发展取得的经验，为新时代西藏特色产业高质量发展做出绵薄之力。西藏民族大学“西藏文化传承发展协同创新中心”组织校内外多学科专家与西藏涉及特色产业发展的厅局协同开展研究，在西藏产业70年与新时代高质量发展研究、西藏高原生物产业高质量发展研究报告、西藏文化旅游产业高质量发展研究报告、西藏绿色工业高质量发展研究报告、西藏清洁能源产业高质量发展研究报告、西藏边贸物流产业高质量发展研究报告、西藏高新数字产业高质量发展研究报告、西藏现代服务业高质量发展研究报告基础上，编纂了包括《西藏高原生物产业高质量发展研究报告（2021）》《西藏文化旅游产业高质量发展研究报告（2021）》《西藏绿色工业高质量发展研究报告（2021）》《西藏清洁能源产业高质量发展研究报告（2021）》《西藏边贸物流产业高质量发展研究报告（2021）》《西藏高新数字产业高质量发展研究报告（2021）》《西藏现代服务业高质量发展研究报告（2021）》共七册“西藏特色产业高质量发展系列研究报告”。其中：

1.《西藏高原生物产业高质量发展研究报告（2021）》

高原生物产业是西藏经济社会高质量发展的基础产业、优势产业、民生产业，是西藏经济稳定之基、发展之本、稳定之要。加快推进西藏农牧业高质量发展，是促进农牧民就业增收、全面建成小康社会、维护国家生态安全、确保长治久安的必然要求，具有特殊战略地位和现实意义。本书在详细梳理西藏高原生物产业发展区域特征、发展历程、发展环境、资源禀赋基础上，找出存在的问题和制约因素，总结发展成就及经验，提出高质量发展思路与目标任务、发展路径与对策建议。期望本书能对西藏高原生物产业高质量发展提供借鉴。

2.《西藏文化旅游产业高质量发展研究报告（2021）》

文化旅游产业是西藏传统优势特色产业，在西藏经济社会发展、生态文明建设、文化交流交融等方面具有重要作用。本书在梳理文化旅游产业概念界定及西藏文化旅游产业发展条件的基础上，重点总结西藏文化旅游产业取得的成就和特征，同时结合新发展阶段的发展环境与政策，提出西藏文化旅游产业发展面临的困境与挑战，并提出未来促进其高质量发展的对策建议。期望本书能对西藏文化旅游产业高质量发展提供借鉴。

3.《西藏绿色工业高质量发展研究报告（2021）》

绿色工业是实现西藏经济社会高质量发展的需要。本书结合国家统计局相关产业分类标准，从诠释工业产业集群内涵和行业入手，在阐述西藏加快发展绿色工业的必要性和重要意义的基础上，着重分析了西藏绿色工业发展现状与存在问题，按照西藏优势矿产业高质量发展专题、西藏绿色建材业高质量发展专题、西藏民族手工业高质量发展专题、西藏节能环保产业高质量发展专题，探讨了西藏绿色工业高质量发展面临的困境与挑战，提出了相应的对策建议。期待本书能对西藏绿色工业高质量发展提供借鉴。

4.《西藏清洁能源产业高质量发展研究报告（2021）》

西藏作为我国战略资源储备基地和“西电东送”接续地，以“坚持开发利用当地能源资源和外地输入优质能源并举，形成以水电为主，油、气和可再生能源互补的可持续发展综合能源体系”为主线，在增强区内能源供应保障能力的同时，为国家调整能源结构和顺利实现“双碳”目标做出重要贡献。本书通过梳理西藏清洁能源产业发展历程、取得的成就，归纳西藏清洁能源产业发展面临的问题与前景，集中对西藏太阳能、风能、地热能、水能等四大清洁能源产业进行较为翔实、系统分析，探讨了西藏清洁能源产业发展的优势与短板，提出了未来促进其高质量发展的思路与目标任务、发展路径与对策建议。期待本书能对西藏清洁能源产业高质量发展提供借鉴。

5.《西藏边贸物流产业高质量发展研究报告（2021）》

西藏作为连接东亚与南亚极其重要的陆路枢纽，有着不可替代的战略地位。在国家新一轮对外开放背景下，西藏肩负着时代重任，必须加快推进“环喜马拉雅经济合作带”和南亚大通道建设步伐。2021 年是“十四五”开局之年。本书着眼于建设面向南亚开放的国际物流枢纽，以共享共用完善商贸流通体系、发展口岸经济，加快推动内外贸易融合发展和“双循环”发展新格局，加大交通干线、口岸要镇仓储物流培育力度，优化重点产业布局为发展要务。期待本书能对西藏边贸物流产业高质量发展提供借鉴。

6.《西藏高新数字产业高质量发展研究报告（2021）》

推动互联网、大数据、云计算、人工智能、卫星技术等新一代信息技术同经济社会发展深度融合，建设面向南亚数字港，推动产业数字化、数字产业化，加速西藏数字“蝶变”是西藏高质量发展的重要支撑。本书以西藏高新数字产业为研究对象，重点研究了西藏高新数字产业发展规模、发展特点、数字化水平和政策支撑体系。结合理论模型使用定量分析、案例分析、对比分析等方法，探索了西藏高新数字产业发展存在的问题和制约因素，提出了未来促进其高质量发展的战略与目标任务、路径与对策建议。期待本书能对西藏高新数字产业高质量发展提供参考。

7.《西藏现代服务业高质量发展研究报告（2021）》

提升西藏现代服务业的发展水平，对西藏优化产业结构、提升服务业层次和加快经济发展有重要意义。本书在梳理西藏现代服务业基本概况，以金融服务业、城市服务业为重点，分析了西藏现代服务业的发展历程、发展环境、资源禀赋，探索了西藏现代服务业高质量发展存在的问题和制约因素，总结了发展成就与成功经验，提出了未来促进其高质量发展的思路与目标任务、发展路径与对策建议。期待本书能对西藏现代服务业高质量发展提供借鉴。

以上七种书在研究内容上全面涵盖了西藏特色产业高质量发展的理论与实践问题。本系列研究报告的编纂，汇聚了西藏民族大学和西藏自治区内外相关领域的专家学者，历时一年多时间完成初稿，并经专家委员会论证、修改完善，最后由西藏人民出版社审定出版。在本系列研究报告的编纂过程中，我们牢牢把握本系列研究报告主要是为西藏区内各级管理干部和相关研究人员服务的宗旨，内容力求通俗易懂。本系列研究报告以西藏特色产业发展历程为基础，重在构建推动西藏特色产业高质量发展的框架体系，为读者提供具有实践意义的研究性借鉴。在具体结构上，上述七种书在文字叙述中穿插了一定的模块化图文。可以说，这套书对于全面了解西藏特色产业高质量发展具有很好的借鉴和参考价值。

在本系列研究报告即将出版之际，作为西藏高校的教育工作者，编写组成员为西藏特色产业发展取得的历史性成就感到无比自豪。作为本系列研究报告的主编，对参与本系列研究报告策划、撰稿、出版的各位专家表示感谢，感谢他们为此项工作贡献的智慧和力量。同时，由于时间紧，本系列研究报告对于西藏特色产业高质量发展的理论研究和现实问题探索有待进一步深入，典型经验有待进一步凝练，所提出的高质量发展路径与对策建议有待实践检验。今后我们一定会再接再厉，持续关注西藏经济社会高质量发展中所遇到的重大现实和理论问题，力争为助推西藏特色产业高质量发展做出更大贡献。

编　者

二〇二二年三月

目 录

第一篇　综合篇

新时代、新形势和新任务西藏纳入“一带一路”建设总体布局，不仅赋予了西藏更加重要的战略地位，而且使西藏有了更加清晰的发展方向。西藏进一步解放思想、更新观念，立足新发展阶段，坚定不移的贯彻“创新、协调、绿色、开放、共享”新发展理念，全面融入以国内大循环为主体、国内国际双循环相互促进的新发展格局。

“十四五”时期乃至更长时期，推动高质量发展是我国经济社会发展的主题，是实现共同富裕的前提基础和必然路径。2020 年，习近平总书记在中央第七次西藏工作座谈会上明确指出：“要走出一条符合西藏实际的高质量发展之路。”为此西藏积极响应中央决策部署，着眼区域经济高质量发展，2021 年，西藏自治区召开第十次党代会指出：“西藏推进高原经济高质量发展具有良好的物质基础和巨大的资源优势，要围绕建成国家重要的战略资源储备基地、高原特色农产品基地、世界旅游目的地、清洁能源基地和面向南亚开放重要通道，加强前瞻性思考、全局性谋划、战略性全局、整体性推进，打高原牌、绿色牌、特色牌，用好外力、增强内力、凝聚合力，切实把政策资源优势转化为经济发展优势，让各族人民共享发展成果、奔向共同富裕、确保 GDP 年均增速达到 8% 以上，城乡居民人均可支配收入增速分别达到 8%，10% 以上、继续保持增速全国领先，努力做到高原经济高质量发展走在全国前列。”这些都为西藏经济社会的发展指明了行动纲领和基本遵循。

就在刚刚过去的一年，世界百年未有之大变局和新冠肺炎疫情全球大流行交织影响，外部环境更趋复杂严峻，习总书记亲临西藏，共祝党的百年华诞，同庆西藏和平解放70周年，如期全面建成小康社会，社会主义现代化新西藏迈上新征程，展望民族复兴光明前景，民族发展赋予更高诉求，及时总结西藏边贸物流产业高质量发展的成就与经验意义重大。

一、创新：提升交通设施畅通道

“十三五”期间，综合交通运输网络加速形成。拉林高等级公路建成通车，川藏铁路拉林段即将建成、雅安至林芝段开工建设，青藏铁路格拉段扩能改造工程建成投运，国内外航线达到130条。西藏建成和在建一级以上高等级公路总里程超过1000公里，公路通车里程达11.66万公里，其中高速公路通车里程达688公里，创造了平均每年建设7660公里公路的高原奇迹；边境县公路里程达到2.27万公里，所有边境县、边防团通油路，一线乡（镇）通公路，建制村通畅率达86%；实施农村公路建设项目3123个，新改建农村公路3.82万公里，解决了286个乡镇、2905个建制村、391个集中易地扶贫搬迁安置点（区）道路连接线通畅问题，全国最后一个通公路的县墨脱县通了硬化路，西藏最后一个通公路的乡镇墨脱县甘登乡通了公路。

2021年，拉那高速公路建成通车，拉日高速公路进展顺利，乡村公路通达率分别达100%和99.96%，公路通车总里程12万公里。新增航线19条，贡嘎机场T3航站楼投运。新建5G基站3083个，光缆线路近28万公里。青藏铁路格拉段完成扩能改造，川藏铁路全线开工、拉林段通车运营，“复兴号”首次开进雪域高原。

二、协调：优化产业结构聚动能

“十三五”期间，西藏产业建设驶入快车道，特色产业实现增加值超

1900亿元，发展效益逐步显现。西藏高原生物产业，农牧业产业龙头企业达162家；旅游文化，文化产业示范基地（园区）234家；绿色工业，24个绿色工业扶贫光伏项目实现并网；清洁能源，工业企业达152家；现代服务，上市公司20家；高新数字，软件和信息技术服务企业超过300家；边贸物流，19家大型全国性电商和物流快递企业陆续落户。2021年，西藏特色产业保持健康发展。西藏粮食产量106.5万吨，青稞产量82万吨，创历史新高。肉奶、蔬菜产量分别达82万吨和88万吨，“三品一标”农产品总数1014个。旅游人次、收入分别达4150万人次、441亿元。国家川藏铁路技术创新中心、西藏清洁能源创新发展中心挂牌成立。大古水电站投产发电，拉哇水电站成功截流，建成和在建电力装机1371万千瓦，外送电量25亿千瓦时。规模以上工业企业、高新技术企业、科技型中小企业数量分别增长12.5%、18%和127%。“地球第三极”区域公共品牌效应持续显现。西藏特色产业快速发展的背后，是西藏立足资源优势和区位优势，以“一带一路”倡议为指引，以互联互通为着眼点，在‘特’和‘优’上下功夫，大力推进七大特色产业上规模、增效益，使得产业结构不断优化，产业布局更加合理。

三、绿色：严守生态红线保护屏障

“十三五”期间，生态安全屏障日益坚实，美丽西藏建设步伐加快。西藏先后制定了《西藏生态安全屏障保护与建设规划（2008–2030）年》、《西藏自治区主体功能区规划》，以及《西藏自治区区域空间生态环境评价暨“三线一单”编制项目文本（2020–2035）》等一系列生态领域的制度和措施，西藏45%的区域列入最严格保护范围，将生态文明建设纳入制度化、规范化、科学化轨道。五年来累计造林596万亩，比“十二五”增长15.5%，森林覆盖率达到12.31%，草原综合植被盖度达到47%，地级城市空气质量优良天数比率 99% 以上，地表水水质达标率 100%。2021 年生态环境继续保持优良 50% 的国土空间划入“三线一单”优先保护单元，新增 3 个国家级生态文明建设示范县（区），推动减污降碳协同治理，蓝天、碧水、净土良好态势持续巩固。西藏仍是世界上生态环境最好的地区之一。边贸物流产业发展建设强度大，影响面广，统筹边贸物流产业发展和生态环境保护的关系，确保产业建设和发展活动在生态环境承载力范围内，加快建设资源节约型、环境友好型社会。

四、开放：融通内外市场促循环

“十三五”期间，西藏不断探索农牧区流通体系建设和物资保障供应新路径。在班戈、申扎、措勤、八宿、错那、仲巴等县开展偏远乡村果蔬配送工程试点工作，有效解决了偏远农牧区果蔬配送困难的民生问题。大力实施电子商务进农村，2019 年，西藏以整区推进形式开展 47 个县综合示范工作，西藏成为全国唯一获批以整区推进形式开展电子商务综合示范工作的省区。“十三五”期间，西藏网上零售额实现井喷式增长，年均增长达 94.43%。较“十二五”末增长 2678.57%，增长了近 27 倍。2021 年，西藏网络零售额达 179.9 亿元，同比增长 42.4%，在全国排名第 28 位。作为面向南亚开放的重要通道、“内联外接”的战略枢纽以及“一带一路”的重要节点，西藏不断加大口岸建设，大力发展边民互市贸易，外贸进出口结构持续优化，2016–2020 年外贸进出口总额达到 228.18 亿元，2019 年，外贸出口额自 2013 年以来首次实现正增长。2021 年，西藏外贸进出口总值达 40.16 亿元，同比增长 88.3%。其中，出口 22.52 亿元，同比增长 74.1%，进口 17.64 亿元，同比增长 1.1 倍。以“藏博会”等成功举办为契机，加大内外联动的双向开放力度，以开放自信的姿态，敞开胸襟、拥抱世界、融入世界。

五、共享：支撑消费升级利民生

“十三五”期间，西藏积极贯彻落实中央促消费工作部署，推动内循环，突出内需对经济增长的引领作用。通过促进重点消费支撑消费升级，补齐短板弱项挖掘农村消费潜力，强化政策保障，优化消费环境，打通经济循环的“堵点”“断点”，助推富起来的西藏人民实现消费升级。“十三五”期间，西藏人均地区生产总值超过50000元，年均增长8.97%，其中2020年地区生产总值突破1900亿元，居民人均可支配收入达21744元，较2015年增长77.4%。由此西藏社会消费品零售总额也进入了快速增长阶段，累计达3388.83亿元，较整个“十二五”时期增长82.18%，西藏农牧民群众人均消费粮食下降126公斤、消费蔬菜提高23公斤，衣着消费增加584元，交通和通讯支出增加近一倍，医疗保健支出增长160.9%，人均文化娱乐服务支出增长167.6%。2021年，新冠疫情零输入、零感染，生产稳定有序，经济持续增长。地区生产总值突破2000亿元，增长7%左右。规模以上工业增加值增长11%以上，社会消费品零售总额增长10%左右。城乡居民人均可支配收入增长13%和14%，位居西部地区前列，消费作为经济增长主引擎作用进一步巩固。

第一章　绪论

第一节　内涵界定

一、边贸物流产业提出

边境贸易（以下简称边贸），传统来讲通常是指毗邻的两个国家在相互接壤的边境地区内边民或企业等，利用便利的地理条件，通过各自的口岸，本着互通有无、平等互利、相互合作的原则，与邻国边境地区的边民或企业之间进行的一切有货币媒介和无货币媒介的商品交换。一般而言，边贸又可分为狭义和广义两种。狭义仅指解决该边境地区经济和社会发展问题的地方性经济联系；广义是指包括国家间边境地区进行的全部经济联系。现代边贸则在易货贸易的基础上，发展为现汇贸易、加工贸易、服务贸易、边民互市贸易区等多种经济技术合作形式。

边贸物流是以边境口岸为依托，由两国边境向腹地进行延伸辐射而开展的运输、装卸、仓储、包装、配送等活动。具体讲是指在边境地区一定范围内的边民或企业与邻国边境地区的边民或企业之间的货物贸易物流。[①] 主要有两种形式：一是边民互市贸易物流；[②] 二是边境小额贸易物流。[③]

---

① 张秀萍：《边境贸易物流》，中央民族大学出版社，2011 年版。

② 系指边境地区边民在边境线 20 千米以内、经政府批准的开放点或指定的集市上，在不超过规定额度或数量范围内进行商品交换产生的实体物品流动。

③ 系指沿陆地边境线经国家批准对外开放的边境县（旗）、边境城市辖区内经批准有边境小额贸易经营权的企业，通过国家指定的陆地边境口岸，与毗邻国家边境地区的企业或其他贸易机构之间发生贸易活动引起的，边境地区外贸公司与邻国边境地区的贸易物流机构或企业之间进行的小额贸易物流。

二、内涵界定

西藏自治区地处我国的西南边陲，与尼泊尔、印度、缅甸等诸多南亚国家及地区接壤，约有 4000 千米的边境线，在与邻国的边境贸易及经济技术合作方面具有较大的区位优势。西藏的边境贸易有着悠久的历史。在长达一千多年的边境贸易活动过程中，西藏与相邻国家和地区在相互接壤的边境地带形成了众多的贸易场所（或称为贸易点），不仅方便了边民之间的互通有无，也增进了边民间、中国与相邻国家间的友谊和相互信任。改革开放以后，国家对外经济贸易政策不断调整，实行对外开放的战略，西藏作为边境贸易的重要地区，其贸易规模、发展速度和形式都有了新的突破，产生了质的飞跃。

2018 年 5 月，西藏自治区人民政府发布《西藏自治区"十三五"时期产业发展总体规划》(以下简称《规划》)。该《规划》提出优化重点产业布局，大力推动边贸物流产业跨越发展，以共享共用完善商贸流通体系、发展口岸经济，加快推动内外贸易融合发展，加大交通干线、口岸要镇仓储物流培育力度，积极构建环喜马拉雅经济合作带，将西藏打造成为面向南亚开放的重要通道。并明确提出西藏自治区边贸物流产业的发展重点和发展路径，是西藏自治区边贸物流产业发展的蓝图和行动指南。

其中《西藏自治区"十三五"时期产业发展总体规划》提出边贸物流产业发展重点是完善边贸内贸流通体系、建设分级物流体系、建设出口商品生产基地。主要包括：完善商业体系建设。加快形成"中心带动、轴线拓展、层次分工"的中心城区商业空间布局和"便利性商业、体验性商业、辐射性商业"三位一体的市域商业空间布局。优化商业网点空间布局，重点推进商业街区整合工程。构筑覆盖城乡的商贸市场网络体系。构建"立足地市，辐射西藏"的专业市场体系，重点打造以拉萨市为中心，联系七个节点（地市）的专业市场集散带和地市级城乡专业市场体系，构建以连锁经营、共同配送等商业连锁网点经营为主体的现代商业流通方式。构建分级物流体系。以“服务地市，集散西藏，辐射南亚”为目标，构建由“综合物流园区（地市）——物流中心（区县）——配送中心（乡镇）”构成的分级物流体系，形成自治区级、片区级、地区级三级物流节点体系，全面建成覆盖西藏的综合物流服务基础设施网络。加快出口商品生产转运基地建设，建设外贸转型升级示范基地，带动外向型特色产业发展，促进精品特色产品出口，鼓励龙头企业、优势企业联合开展基地建设，带动中心企业“抱团出海”，实现外贸规模扩容和结构升级。

此外，《总体规划》提出：“边贸物流产业发展路径是以电子商务、会展经济、口岸经济，推动商贸物流业创新发展。”主要包括：以电子商务推动商贸流通渠道升级。建设以 B2C 网络购物平台、B2B 商品交易平台、资产电商交易平台和第三方开放平台为核心的西藏电商平台体系，加快形成电子商务产业聚集发展，加快西藏商贸物流产业集团组建运营，促进西藏商贸流通渠道升级。发挥会展经济的窗口作用。积极组织各地市招商部门，参加“广交会”、“西博会”、“投洽会”等投资洽谈会，推介特色主导产业项目，发挥“雪顿节”、“藏博会”等西藏特色节事活动和品牌投资会展招商平台作用。加速发展口岸经济。以综合保税区建设为重要抓手，承接产业转移，推进加工贸易转型升级，形成以吉隆口岸、樟木口岸、拉萨航空口岸为重点，以普兰、里孜口岸为两翼，以日屋、陈塘口岸及亚东乃堆拉边贸通道为支点的口岸开放布局。

2020 年 5 月 18 日，西藏自治区边贸物流产业推进组第一次会议研究通过了《自治区边贸物流产业专项推进组工作规则》，进一步明确了西藏自治区边贸物流产业的推进方向和重点任务。主要包括：积极推进拉萨、日喀则国家物流枢纽建设；大力推进冷链物流体系建设，加快现代商贸物流向农牧区延伸；推进拉萨市综合保税区建设；稳步推进吉隆边境经济合作区建设；推进口岸建设，推动完善边境贸易设施建设，研究出台支持边境小额贸易和边民互市贸易政策举措。

为了更好的落实自治区党委、政府关于西藏产业建设有关精神，特别是自治区产业建设领导小组相关部署，2021 年 8 月 10 日，西藏自治区边贸物流产业专项推进组召开工作会议，进一步明确了信息共享形成合力，助推边贸物流产业发展的工作思路：一是建立信息台账工作机制。二是完善信息报送调度机制。三是加强信息共享沟通机制。①

2022 年，西藏自治区政府工作报告明确指出 2022 年重点任务之一要抓根基支柱，培育壮大高原特色产业，并提出要加快发展边贸物流产业。建设 2 个以上冷链物流集散中心，构建城乡商贸流通一体化网络。推进边民互市贸易区、边贸市场和边贸点建设，实施边民互市进口商品落地加工，实现边境贸易和进出口贸易双增长。

第二节　发展意义

一、西藏大力发展边贸物流产业的必要性

实践证明，一个国家或一个地区在地里位置、资源状况、生产力布局、人口素质、文化传统等方面存在差异性，其社会经济发展不可能采取统一的模式，必须立足本地实际，因地制宜，利用自身资源优势，挖掘不同产业的经济增长源。西藏凭借其独特的区位优势，在国家战略中一直处于重要的地位。自国家“一带一路”倡议推进实施以来，西藏自治区积极融入丝绸之路经济带，倡导推进面向南亚开放重要通道建设，发展西藏边贸物流已成为研究热点。

① 信息共享 形成合力 助推边贸物流产业发展 _ 西藏自治区商务厅 http://swt.xizang.gov.cn/xwzx/swyw/202108/t20210813_254879.html

进入新时代、新阶段以后，西藏进一步解放思想、更新观念，用全新的思维理念和系统化的理论，将边贸物流产业放在西藏区域经济发展的重要战略位置上进行谋划，不断优化边境贸易物流的制度环境和市场秩序，提升西藏边贸物流的发展水平。

（一）基础现实背景：当前西藏物流产业仍然存在很多问题，需要加以科学引导与规范管理

虽然在西藏优惠政策的便利支持下，随着西藏政府对物流管理措施的大力推进，西藏物流有了长足的发展。在物流基础设施方面发生了翻天覆地的变化，取得了巨大的成就，基本形成了以公路运输为主的，航空、管道运输为辅的现代运输新格局。特别值得一提的是，2006 年，青藏铁路格尔木至拉萨铁路的建成通车，以及 2014 年，拉日铁路拉萨至日喀则铁路的建成通车，2021 年，拉林铁路拉萨至林芝铁路的建成通车，使得西藏已经从根本上改善了西藏的交通运输条件。但是，和内地物流业态的发展相比较，西藏受周边地理环境限制和高原气候影响，长期以来处于全国物流布局下边缘地带，物流基础薄弱、发展滞后，产业带动效应不明显。比如，西藏物流产业发展相对缓慢，物流服务需求不足；运输成本相对较高、效益较低；物流产业基础设施较落后；企业规模小，产业关联度低，协调发展机制不全，物流管理人才缺乏等。若不加以科学引导与规范管理，势必会造成对社会资源的破坏及浪费，甚至成为制约经济发展的包袱。亟待需要对物流产业进行科学引导与规范管理，利用西藏特有的比较优势和后发优势发展西藏区域物流，促使其健康成长并成为推动社会经济和谐、可持续发展的中坚力量。

（二）国家战略背景：“一带一路”的倡议指引，需要西藏区域物流转型和升级

另一方面，“一带一路”是在世界格局迅速变化与周边环境不确定性上升的情况下做出的一个确定性选择。新时代、新形势和新任务中国

对外开放总格局立足国内大循环，促进国内国际双循环，坚持实施更大范围、更宽领域、更深层次的高水平发展。将西藏纳入“一带一路”建设总体布局，定位面向南亚的重要通道，不仅赋予了西藏更加重要的战略地位，而且使西藏有了更加清晰的发展方向。2020年，习近平总书记在中央第七次西藏工作座谈会上明确提出：“要走出一条符合西藏实际的高质量发展之路，着眼区域经济的高质量发展，围绕川藏铁路建设等项目，推动建设一批重大基础设施、公共服务设施，建设更多团结线、幸福路。”如果说“一带一路”倡议给西藏带来了新的发展契机，提供了政策保障，西藏建设面向南亚的大通道，使区域物流的发展成了重中之重。那么习近平总书记在座谈会上的指示无疑为西藏物流产业的发展提出了更高的要求。

一直以来西藏凭借其特殊的区位优势，处于丝绸之路经济带和孟中印缅经济走廊之间，天然地成为连接二者的通道和纽带。作为重要的国家安全屏障、重要的生态安全屏障、重要的战略资源储备基地、重要的中华民族特色文化保护地，西藏也是我国同西方敌对势力和境内外敌对势力、分裂势力斗争的前沿，具有突出的国家安全和国防战略地位。随着我国“一带一路”的逐步推进，西藏建设面向南亚通道的基础设施建设进入快速轨道。西藏将成为我国通往印度洋、南亚的“桥头堡”，并最终形成“一线（即青藏铁路及拉日铁路）、两基地（即青藏铁路那曲物流中心、拉萨物流中心）、三出口（即樟木、吉隆、亚东等口岸）”的南亚贸易陆路大通道。但是由于自然环境、边境形势等因素，西藏通往印度，尼泊尔之间的通道大多没有发挥应有的“连通”作用。西藏自治区积极贯彻落实第七次西藏工作座谈会会议精神，2021年在第十次党代会中明确提出：“要着力创建高原经济高质量发展先行区，加快发展边贸物流业，推进城乡物流配送网络一体化，推动商贸流通体系向偏远乡村延伸。”本报告从这一背景出发，既是对新形势的积极回应，更是符合新形势下西藏谋求更高水平稳定与发展的要求，通过探讨本报告为全面提升西藏区域物流的转型和升级从而带动经济外向发展以及参与国内外竞争及合作等提供一定的智力支持。

二、西藏大力发展边贸物流产业的重要意义

边贸物流作为西藏经济发展中关键的组成部分，是支撑西藏区域经济发展的基础性、战略性产业，对于优化资源配置、促进结构调整、转变发展方式、降低社会成本、提高国民经济竞争力和建设生态文明具有重要意义，也是西藏进一步加深对外开放、增强对外合作、促进对外贸易和政治稳定的重要保障。“一带一路”为倡议特区位优势的西藏物流产业的发展提供了前所未有的发展机遇。西藏作为历史上南方丝绸之路、唐蕃古道、茶马古道段的重要参与者，应当抓住此历史发展机遇，借力南亚大通道和环喜马拉雅经济合作带建设，对接孟中印缅经济走廊，融入丝绸之路经济带，形成西藏特有物流发展格局，实现现代区域物流的跨越式升级，促进社会经济的快速发展。这对于既受环境资源约束又面临竞争与挑战的西藏物流产业而言，具有非常重要的战略意义、学术理论价值以及现实意义。

（一）战略意义

现代物流是在传统物流的基础上，引入高科技手段，对物流信息进行科学管理，从而使物流速度加快、准确率提高、库存减少、成本降低，以此延伸和放大传统物流的功能。随着市场经济和第三产业的发展，物流业已由过去的末端行业上升为引导生产、促进消费、降低成本的先导行业。发展西藏物流产业具有重要的战略意义。

1. 加快发展西藏边贸物流业是优化区域产业结构的需要，物流业作为第三产业的关键一环，其发展必然振兴第三产业。2006 年，青藏铁路

建成，物流运输的瓶颈制约被打破，进出藏货物量大幅度提升，为西藏实现跨越式发展提供坚实的物质基础；2014 年拉日铁路拉萨至日喀则铁路的建成通车，日喀则将可成为中国与南亚的人流、物流交往枢纽，经贸交流的规模也将可随之大大提高；2021 年拉林铁路拉萨至林芝铁路的建成通车，很大程度上增加藏东南地区的运输能力，带动藏东南地区的经济发展。

2. 加快发展西藏边贸物流业是企业降低成本、开源节流、挖掘新利润源的有效途径。西藏经济的快速发展不仅繁荣了本地的各行各业，更吸引了不少外地投资商前来投资，大宗的货物运输、仓储也随之而来，这也为西藏物流业的发展提供了一个广阔的前景。

3. 加快发展西藏边贸物流业，是提供就业岗位、缓解就业压力的重要手段，同时可以扩大内需、促进消费。西藏地广而人口和城镇分布极不平衡，导致物资的流动相对困难，大力发展物流业，将大大缓解这一困难。

4. 西藏发展边贸物流产业，对于巩固边疆安宁、提高人民生活水平、服务我国与南亚国家国际贸易的顺利进行具有重要的战略意义。

（二）理论意义

本书借“一带一路”对西藏经济产生深远影响的契机，探讨提升西藏物流产业发展的相关路径与对策。为进一步在发展西藏区域物流的实践中运用和完善相关理论体系做出有益探索，对丰富现有的理论体系，引领后续的研究方向有着重要的理论价值。

1. 丰富区域物流的内涵。目前，有关区域物流产业的内涵，国内学者对其理解不一，尚无形成完整统一的解释。民族地区由于其独特的地理位置、气候条件、人文环境、资源禀赋等因素，必然形成独特的特色区域物流。因此通过对民族地区的物流产业进行研究，理论上可以丰富区域物流的内涵。

2. 进一步完善民族地区发展物流产业的条件。物流产业对区域经济有着重要的影响作用。而区域经济因地而异、各不相同。西藏作为西部民族地区之一，物流产业的发展具有一定的代表性。对此进行研究，可以进一步完善民族地区发展物流产业的条件。

（三）现实意义

面对新形势，西藏区域物流的发展刻不容缓。本书与国内外研究趋势相契合，针对西藏地域开展细化研究，对建设南亚大通道融入丝绸之路经济带、培育新的区域经济增长极、增强西藏经济发展基础以及向其它民族地区推广发展经验，都具有重要的实用价值。

1. 推进口岸和边贸市场建设以及对外贸易进入新阶段

西藏是打通南亚“贸易陆路大通道”的桥头堡，处在对南亚开放的重要地位。 随着产业经济的进步、对外开放的扩大和综合交通运输网络的初步形成，西藏区内外的人流、物流、资金流、技术流、信息流等日益增强，尤其借助“一带一路”推进，大大有助于加强对外贸易建设，推进口岸和边贸市场建设，加快了“请进来，走出去”的平衡协调发展的对外开放新格局。

2. 促进西藏区域产业结构调整、振兴区域经济

西藏拉萨、日喀则、山南、林芝、那曲、昌都、阿里地市基础设施建设随着西部大开发步伐的加快，西藏已形成了比较健全的物流、商流、资金流和信息流为一体商品流通体系，并发挥着越来越大的经济杠杆作用。为了提高西藏拉萨、日喀则、山南、林芝、那曲、昌都、阿里地市特色产品的出藏率，提高产品的附加值，逐步扩大国内同类产品的市场份额。同时，充分利用物流的动态优势，以适应市场变化、柔性、速度、革新、知识的需要为基点，建构西藏各地市物流快速联盟的动态组织，实现物流产业链为促进区域产业结构调整、振兴区域经济和社会稳定发展的绩效最大化。

3. 降低运输成本，拉动内需促进双循环

一直以来，与内地省区相比，西藏物流基础设施发展滞后，交通闭塞，成为进出藏商品价格居高不下的主要原因之一。建立先进的物流产业，减少进出藏的运输成本，能够有效降低西藏商品价格，拉动内需促进消费；其次，西藏地广而人口和城镇分布极不平衡，导致物资的流动相对困难，大力发展物流业，将大大缓解这一困难。最后，西藏经济的快速发展不仅繁荣了本地的各行各业，更吸引了不少外地投资商前来投资，大宗的货物运输、仓储也随之而来，这也对西藏物流业的发展提出了更高的要求。

第二章　西藏边贸物流产业发展环境和条件

第一节　发展环境

一、宏观大势

（一）中国国家战略的推动

中央重视西藏在全国对外开放中的战略地位。2015年8月，中央第六次西藏工作座谈会确定了西藏作为面向南亚开放重要通道的发展定位。“十三五”中央大力推动西藏边境地区发展，深入开展兴边富民行动，加大财政转移支付力度，支持西藏对接“一带一路”倡议，参与孟中印缅经济走廊和环喜马拉雅经济合作带建设，扩大沿边开放，加快建设吉隆边境经济合作区，加强传统边境贸易点、边境贸易通道、边防公路建设，为西藏边贸物流产业注入强劲动力。

2020年8月，中央第七次西藏工作座谈会进一步提出要采取特殊支持政策加强边境地区建设，围绕川藏铁路建设等项目，推动一批重大基础设施、公共服务设施、建设更多团结线、幸福路，为西藏边贸物流产业提供了更为广阔的发展空间。2022年1月，西藏政府工作报告中进一步明确了发展边贸物流的重点工作任务。建设两个以上冷链物流集散中心，构建城乡商贸流通一体化网络；推进边民互市贸易区、边贸市场和边贸点建设；实施边民互市进口商品落地加工，实现边境贸易和进出口贸易双增长。

（二）中国经济持续发展的支撑

改革开放以来，中国经济实力显著增强，全方位对外开放格局形成。

目前乃至未来一段时期内，中国经济发展长期向好的基本局面没有变，经济韧性好、潜力足等基本特征没有变，经济持续增长的良好支撑基础和条件没有变，经济结构调整优化的前进态势没有变。伴随着经济快速发展和基础设施条件进一步改善，西藏将与内地其他省份一道，共同为中国经济的持续发展贡献力量。

（三）西藏开放与合作的扩大

开放是繁荣发展的必由之路，也是西藏实现长足发展和长治久安的重要前提。近年来，西藏紧紧抓住国家建设“一带一路”和构建沿边地区开发开放“三圈三带”新格局的战略机遇，发挥自身区位优势，全方位对内对外开放，推进建设面向南亚开放的重要通道，进一步加快形成开放型经济体制，不断提升与毗邻国家互联互通水平，持续推进与周边省区互联互通水平，深度加强对外经贸文化合作交流。这些都需要边贸物流产业发挥先导作用，提供有力支撑。

（四）中国与南亚和平发展的总态势

近年来，中国与南亚各国经贸合作迅速扩大，整体上处于和平发展的态势。中印两国在亚洲基础设施开发银行项目上达成共识。2015 年 5 月，中印两国联合声明中提到要通过边境贸易等加强边境地区的合作。尼泊尔与中国历来友好，2016 年 3 月在中尼两国签署的联合声明中明确了合作的重要领域及方向。其他南亚国家如孟加拉国、缅甸、巴基斯坦与中国经济交往的发展意愿也较强烈。南亚在地缘经济以及中国对外开放格局中重要性逐渐增强，这为西藏提供更多投资机会，为西藏边贸物流产业的开放开发创造了有利条件。2019 年 10 月，习近平主席同印度总理莫迪在金奈举行中印领导人第二次非正式会晤，决定建立高级别经贸对话机制，以加强两国贸易和投资合作关系，更好地促进两国经贸合作平衡发展。

2020 年 5 月，国家主席习近平表示，中国将在两年内提供 20 亿美元，帮助其他国家应对新冠肺炎的影响。中国的支持对周边国家最为有利，尤其是疫情结束后经济难以自愈的南亚诸国。另外，中国与南亚岛国在共建21世纪海上丝绸之路中也不断加大合作力度，陆续取得合作成果。

二、面临挑战

如上所述，西藏边贸物流产业战略机遇整体良好，但无可避免的也面临着复杂的外部环境。伴随着全球经济贸易增长乏力，地缘政治关系复杂变化，外部环境不稳定、不确定因素增多，在与西藏接壤的南亚地区，长期受基础设施落后、贫穷等问题影响，加之对外部市场和投资的依赖性严重，除印度经济增长较快外，南亚其他国家总体上受内外需求不足的影响较大，投资增长乏力，制造业提升缓慢，财政和贸易赤字扩大，这些都将使西藏边贸物流产业面对更加严峻的挑战。

（一）政治风险

1. 印度的战略——不合作

印度未表态支持“一带一路”理由有三：一是成本巨大，印度不愿投入，担心无法获益。二是所经地区多争议、动荡，比如经过克什米尔地区，孟中印缅经济走廊经过缅甸不稳定地区，中巴经济不稳定等。三是担心被中国包围，尤其是从海上、陆上恶化印度安全环境，担心美国的介入影响其独立自主性等。出于对历史事件的敏感，印度最为关心中国在南亚的一举一动。不管中国在南亚到底有没有所谓“珍珠链”战略布局，印度的战略都是宁可信其有的，从而去防范化解中国造成的实际影响力。因此，作为构建开放型的周边经济架构，“一带一路”如果没有印度的支持，无疑将是一大憾事。况且，当前南亚一些国家政府都是亲印派主导，而莫迪上台后的邻国优先政策将可能影响到这些国家的政策走向。但是，印度并未公开反对“一带一路”倡议，甚至赞同将东北邦开放融入孟中印缅经济走廊建设，对中国的工业园区、经济特区建设经验十分看重，是可以争取的。

2. 极端势力的袭扰破坏

由于地理、历史、宗教、民族的差异，南亚国家从取得独立起，就存有许多错综复杂的地缘政治问题，如克什米尔问题、俾路支斯坦问题、印中边界问题等。这些问题与各国的种族、民族、教派等矛盾交织在一起，再加上冷战时期美国、苏联在南亚的渗透和争夺，使本区战后几十年来长期动荡不安。40 多年来南亚各国虽然不断进行双边谈判，但许多问题始终没有得到妥善解决，直接影响着南亚各国的稳定与安宁。“一带一路”建设涉及的领域广，南亚国家在参与的广度和深度上因自身对利益的不同判定而呈现出差异性。南亚国家特别是大国从精英到民众对“一带一路”倡议的认知、理解不尽相同，对中国建设意图的不信任与猜忌将成为“一带一路”建设长期推进面临的重要风险。目前中国与南亚等沿线地区部分国家围绕有关领土、领海主权争端的不稳定因素短期内无法消除，倘若再遭遇美、日等区域外因素的干扰，不仅可能激化既有矛盾，引发沿线国家更多的安全疑虑，甚至还会引爆局部的地缘冲突。

3. 南亚国家政局不稳

西藏参与“一带一路”建设，离不开南亚各国的合作和支持。南亚区域内的国家包括印度、巴基斯坦、孟加拉国、斯里兰卡、尼泊尔、不丹和马尔代夫。有时候阿富汗也被算成是一个南亚国家，而阿富汗北部则属中亚地区，缅甸、西藏在文化上受到南亚影响很大，所以有时亦被纳入南亚的范围。此外，伊朗及英属印度洋地有时亦被包括在内。南亚国家的制度体制差异大，政局动荡不稳，多处于现代化建设阶段，面临突出的政治转轨、经济转轨、社会转型的艰巨任务，国内政治经济稳定性和成熟较差，容易引发国家风险。近年来，南亚各国普遍进入政权更替和政治转型的关键时期，应对大选和推进民主政治的改革使得各国政治局势波折起伏，迷雾重重。许多国家国内政治形势复杂，政局变化频繁，政策变动性大，甚至内战冲突不断。印度现任政府面对改革压力难以化解。印巴关系的起伏也为南亚地区安全环境增添了不确定因素。与此同时，大部分南亚国家不得不接受世界新冠疫情带来的影响和挑战，整个南亚国家普遍存在着政局不明朗和经济发展陷入困难之境的状态。政权稳定和安全环境已经成为南亚地区各国的重要忧患。

（二）法律风险

西藏主动融入“一带一路”，建设面向南亚开放的重要通道，涉及到西藏与南亚诸国的战略合作、交通对接、国际贸易、能源合作、金融合作等多个方面。而法律无疑能够对西藏与南亚诸国的双方合作行为起到重要的约束作用。双方需要遵守法律，按照法律的要求开展业务。但是，在实际的操作过程中，法律还不够完备，存在诸多法律风险。

1. 因法律信息不对称而面临的法律风险

南亚诸国法律体系与我国不同，有的国家与我国甚至不属于同一法系，从而产生法律信息不对称的风险。依照其法系不同，主要分为大陆法系和英美法系两大类，而在南亚有些国家属于伊斯兰法系。

我国与缅甸、泰国、老挝等南亚、东南亚国家都属于大陆法系。大陆法系沿袭罗马法，具有悠久的法典编纂传统，重视法典的编写，拥有详尽的成文法，强调法典的完整性，以致于每个法律范畴的每个细节，都在法典中有明文规定。大陆法系崇尚法理上的逻辑推理，并以此为依据实行司法审判，要求法官严格按照法条审判。但在大陆法系框架之内，各国立法仍有很多差别，不能一概而论。我国实行的是独特的社会主义法律体系，虽然接近于大陆法系，但是在具体法律规定上仍与其他国家有较大差别。

印度、巴基斯坦等南亚国家属于英美法系。英美法系因其起源，又称为不成文法系。同大陆法系偏重于法典相比，英美法系在司法审判原则上更“遵循先例”，即作为判例的先例对其后的案件具有法律约束力，称为日后法官审判的基本原则。而这种以个案判例的形式表现出来的法律规范的判例法一般不被大陆法系国家承认，最多只是具有辅助参考价值。

阿富汗、伊朗等南亚国家实行伊斯兰教法。伊斯兰法系是指以伊斯兰教法作为基本法律制度的诸国所形成的“法律传统”“法律家族”或“法律集团”。主要内容包括穆斯林义务、土地所有权、债权法、家庭法、继承法、刑法等。

2. 因法律不完善而面临的法律风险

南亚有些国家法律设置不完备。南亚各国由于历史、宗教和复杂的政治局势等因素，有些国家立法也不够完备，法律条款经常修改，在执法力度上也往往对于外国或外贸企业有所歧视，甚至会基于本国政治、经济利益的考虑有针对性地对某些跨国公司或者海外企业进行一定程度的法律管制。因此，中国企业在域外经营的过程中，很有可能遇到无法可循的问题。在没有相关法律规定的情况下，一旦中国企业与所在国执法部门发生冲突，所在国执法部门可能会出于本国利益，而使中国企业蒙受损失，从而造成风险。

南亚有些国家与我国法律或国际法相冲突。所在国对某些企业经营相关的法律规定可能会与国际法或中国法律发生冲突，从而使我国企业在境外经营活动时，不得不违反国际法或中国法律，以及违反所在国法律中二选其一，同样，会造成我国企业的法律风险。

南亚有些国家法律条款易发生变动。如果所在国的法律或政策发生改变，如投资比例、范围以及市场开发程度等，会使中国海外企业面临更多的无法预料的法律风险。

3. 因贸易、税收以及其他问题而面临的法律风险

因贸易而面临的法律风险。从国际贸易的商品标准差异来说，南亚各国所涉及的贸易活动，其设置的商品准入标准往往与中国不同。因此，符合中国标准的商品在进入其他国家时，便面临着不符合当地标准的风险。从贸易壁垒来讲，“一带一路”中的贸易伙伴出于保护本国经济的考虑，

往往会通过严格的法律来实行贸易保护政策。

因税收的法律政策不同而面临的法律风险。不同的主权国家会根据其法律规定对同一纳税实体进行收税。在境外经营时，既要根据属人原则向我国政府纳税，又要根据属地原则向所在国政府纳税，面临着重复征税的风险。我国企业的纳税情况及避税手段如不符合所在国的税收相关法律，则会面临着税务方面的法律风险。

因其他问题而面临的法律风险。对于作为建设南亚的重要通道西藏，随着边境口岸、通道、山口的扩大开放，分裂敌对势力、暴恐势力混入境内的风险增加，境外分裂势力增加袭扰破坏风险增加、边界渗透蚕食袭扰风险也可能增加，因此，边境维稳和边界管理压力和难度可能都要加大。

（三）经济与生态风险

随着共建“一带一路”的推进，在推动贸易畅通、深化经贸合作方面取得了明显成效。2015 年，西藏边民互市贸易总额达 10.4 亿元人民币，较 2014 年，增长 25%。其中亚东仁青岗边贸市场作为西藏边民互市贸易市场之一，2015 年，贸易额为 15244.38 万元人民币，同比增长 52%。2016–2020 年，边民互市贸易分别为 0.9 亿元、0.4 亿元、1 亿元、2.2 亿元、0.05 亿元。其中，2020 年，边民互市贸易进出口总值为 0.05 亿元，下降 97.58%。但是，无可否认的是，“一带一路”建设是一项系统工程，涉及到不同发展水平和不同经济结构的诸多国家，必须考虑与西藏接壤的沿线区域及各国的建设风险。在政策制定与执行层面，应对建设风险保持清醒的认识，以求规避其风险，最大限度地发挥丝路优势。

1. 西藏可能面临项目建设成本高、投入产出不高的风险

为了全面实现“把西藏打造成为我国面向南亚开放的重要通道”这一目标，结合西藏实际，在设施联通方面，我国大力加强西藏在交通网络体系的建设。其中，铁路方面，中国计划 2020 年，以前将青藏高原上的铁路延伸至印度、不丹和尼泊尔边境。以日喀则市为起点，将会增加两条线路，

一条通往印度和不丹边境附近的亚东，另一条通往尼泊尔边境附近的吉隆。通过拉日铁路将线路延伸到中国、尼泊尔、印度边境地区（吉隆、聂拉木、亚东）。2014 年，川藏铁路（拉林铁路、成康铁路）动工修建，2021 年，拉林铁路通车，同年 7 月，自主研制的复兴号高原内电双源动力集中动车组已经开进西藏拉萨。拉林铁路是川藏、滇藏铁路的重要组成部分，向北向西分别连接青藏铁路、拉日铁路及规划中的日喀则至亚东、日喀则至聂拉木等铁路，可通往西藏与尼泊尔、印度等主要口岸。但是，鉴于目前印度合作意图的不明朗，尤其是中印乃堆拉边贸通道印度单方面的限制清单，我国可能面临投入铁路项目成本高，但收益难收回的风险，需要加强双方国家的政策协调。由此可见，“一带一路”在西藏的建设也面临廊道距离长、项目建设成本高、投入巨大、投入产出效益不高等风险。

2. 西藏企业可能面临技术创新动力不足的风险

伴随着“一带一路”建设的藏产品的销售，只有不断适应进出口商品在不同地区的具体需求甚至是个性化的需求，市场才会不断发展扩大，这就要求西藏企业还需要不断追求产品的创新、技术的创新以及品质的创新。构建新发展格局背景下，西藏实施优进优出战略，鼓励外贸产业集群或企业加大对区内“两绒一毛”、林下产品、高原水资源和特色优势产品的开发，鼓励拥有自主知识产权、自主品牌、自主营销网络的高技术含量、高附加值、高效益产品出口。探索扩大自尼泊尔等南亚国家先进技术设备、国内稀缺资源性产品即国内消费者愿意购买的优质商品进口。截至 2021 年，西藏新增企业的数量加速攀升，现有存续企业约有 38.9 万家，拉萨有 14.7 万家企业存续，占西藏所有存续企业数量的 37.86%。2021 年来拉萨全市新增企业 2.4 万户，共登记注册各类市场主体 14.1 万户，同比增长 33.6%。但在新发展阶段，西藏企业可能出现创新动力不足的风险。从企业行业分类来看多属技术含量低劳动密集型企业，西藏存续在业的企业中批发和零售业企业最多，有着压倒性的数量优势，约有超过 17 万家。前 5 大行业中，还有住宿和餐饮业、租赁和商业服务业、建筑业、居民服务修理和其他服务业。这五大行业企业总数约 32.9 万家，住宿和餐饮业的企业数量，约占所有存续企业数量中约占 20%。[①]

3. 西藏可能面临生态环境不利的风险

2022 年，西藏政府工作报告中明确指出：2022 年，重点工作任务着力创建国家生是态文明高地，继续保持生态环境优良。50% 的国土空间划入“三线一单”优先保护单元，发布第一批自治区级重要湿地名录，三江源国家公园唐北片区获批设立，新增 3 个国家级生态文明建设示范县（区），推动减污降碳协同治理，污染防治攻坚保持全国“优秀”，蓝天、碧水、净土良好态势持续巩固。但是不得不说，“一带一路”建设的海外经营活动也可能对沿线国家资源的消耗和环境的污染带来一定的自然风险。一方面可能过度开采当地自然资源；另一方面可能大量排放废物导致环境污染，从而带来生态风险。结合“一带一路”在西藏的建设，由于对道路、城市、园区等基础设施建设及配套设施的建设对西藏脆弱的生态环境也可能造成一定的不利影响。西藏应当及时总结“一带一路”海外经营活动的经验教训，坚定不移建设生态安全屏障，牢树生态优先理念，确保西藏青山常在、绿水长流、空气常新。

第二节　发展条件

一、区位条件

西藏位于素有“世界屋脊”之称的青藏高原，地处我国西南边陲。北

① 洞察西藏—西藏企业基本情况分析 _ 注册 _ 青海省 _ 数量最多 https://www.sohu.com/a/508323831_121158466

接昆仑山、唐古拉山与新疆维吾尔族自治区毗邻，东隔金沙江与四川相接，东南邻云南，南面与印度、尼泊尔、不丹、缅甸等国接壤，西连克什米尔地区，国境线长达 3842 公里。[①] 西藏总面积仅次于新疆，达 120 多万平方公里，是全国土地面积的 12.5%。2019 年，西藏自治区常住人口为 350.56 万人，比 2018 年净增 6.74 万人。城镇人口占 31.5%；乡村人口占 68.5%。[②]2020 年，西藏自治区常住人口为 364.81 万人，城镇人口占 35.73%；乡村人口占 64.27%。自治区除藏族外，还有回族、蒙巴族、门巴族、珞巴族、纳西族等少数民族居住，现辖拉萨、林芝、昌都、山南、日喀则、那曲 6 个地级市，1 个阿里地区及 74 个县。[③]

二、自然条件

西藏主体为高山、大川，四周分别由喜马拉雅山脉、昆仑山脉、唐古拉山脉、横断山脉所环抱，青藏高原平均海拔 4000 米以上。西藏主要河流包括雅鲁藏布江、澜沧江、金沙江，怒江等。雅鲁藏布江在我国境内约 2057 公里，是西藏最长的河流。藏北高原的湖泊以高山雪水的内流区为源，包括著名的纳木措湖和羊卓雍措湖等，总数多达 1000 多个。

西藏大部分地区为高原性气候，仅在横断山区雅鲁藏布江下游谷地和喜马拉雅山南坡的部分地区受印度洋季风影响，温暖潮湿。因海拔较高，与中国同纬度地区相较，其气候具有气温偏低，降水较少，空气稀薄，日照充足的特点。最冷月 1 月平均气温 -18℃到 3.6℃，最热月 7 月平均气温 7℃

---

① 西藏自治区人民政府：西藏概况，2018-21-21

http://www.xizang.gov.cn/rsxz/qqjj/zrdl/201812/t20181221_34484.html

② 西藏自治区统计局：2019 年西藏自治区国民经济和社会发展统计公报。2020-04-13

http://tjj.xizang.gov.cn/xxgk/tjxx/tjgb/202004/t20200413_137062.html

③ 西藏自治区人民政府：西藏概况，2018-21-21

http://www.xizang.gov.cn/rsxz/qqjj/zrdl/201812/t20181221_34484.html

到 19℃，也有出现极端 –46℃及 32℃的情况。藏北高原气温低，一年中约有半年时间冰封，就连夏季夜间也有可能出现霜冻，但因日照充足，有牧草及其他植物生长。藏南谷地受印度洋气流影响无霜期长，几乎无冬且较为湿润，年平均降水量一般在 60–100 毫米之间。

三、资源条件

西藏矿产资源有 70 多种，已探明储量的 26 种，其中有 11 种矿产储量居全国前列。铬铁矿储量 440 万吨，居全国各省区之首。锂矿和铜矿储量在全国占有重要地位。非金属矿中，硼的储量最大，还有其他 11 种储量丰富的矿产资源。

水能、地热能、太阳能等能源具有巨大的开发潜力，尤其是丰富的地热资源，现已发现 100 多处地热田和地热显示区。部分地热高温沸泉已开发利用，建成了地热发电站。

西藏草场资源类型多样，热带草场、亚热带草场及高寒草场均有分布，草场总面积 12.4 亿亩，可利用草场面积 7.63 亿亩，为西藏发展畜牧业提供了良好的条件。主要放牧品种有牦牛、山羊、绵羊等，高原特色畜产品牦牛能在雪山、荒原地带长途驮运，被称为“高原之舟”。西藏南部和东部地区分布着茂密的原始森林，是中国重要的天然林区之一。此外，西藏也是中国最主要的藏药产地，有贝母、虫草、麝香、雪莲等珍贵药材。

四、产业条件

结合西藏实际情况，将提升第一产业、壮大第二产业以及全力做强服务业为目标，构建经济发展稳定的长效机制。据统计数据显示，2021 年，西藏经济运行总体平稳，主要指标处于合理区间，确保了“十四五”开好局、起好步。2021 年，西藏自治区生产总值 2080.17 亿元，比上年增长 6.7%，两年平均增长 7.2%。第一产业增加值 164.12 亿元，增长 7.3%，其中，粮食产量小幅上涨，畜牧产品产量保持稳定。全年西藏粮食产量为 106.15 万吨（薯类折粮），自 2015 年以来连续 7 年稳定在 100 万吨以上；第二产业增加值 757.28 亿元，下降 0.9%，其中，工业生产持续增长，电力生产能力显著提升。西藏全部发电量 112.77 亿千瓦时，增长 29.5%；调出电量 25.54 亿千瓦时，增长 40.8%；第三产业增加值 1158.77 亿元，增长 11.8%，其中，服务业持续恢复，营业收入不断走高。西藏规模以上服务业企业实现营业收入 208.72 亿元，同比增长 9.6%。①

作为支柱产业的西藏旅游业，则明显的体现了受新冠疫情影响的特征。据西藏统计数据显示，西藏旅游业 2019 年，全年累计接待国内外游客 4012.15 万人次，比上年增长 19.1%。其中，接待入境游客 54.19 万人次，增长 13.8%；接待国内游客 3957.96 万人次，增长 19.2%。实现旅游总收入 559.28 亿元，增长 14.1%。其中，旅游外汇收入 27907 万美元，增长 12.9%；国内旅游收入 540.44 亿元，增长 14.1%。2020 年，受国内外新冠疫情影响，全年接待国内外游客 3505.01 万人次，比上年下降 12.6%。其中，接待入境游客 0.34 万人次，下降 99.4%；接待国内游客 3504.67 万人次，下降 11.5%。旅游总收入 366.42 亿元，下降 34.5%。其中，旅游外汇收入 302 万美元，下降 98.9%；国内旅游收入 366.21 亿元，下降 32.2%。2021 年，国内疫情得到了有效控制，全年西藏接待国内外游客 4153.44 万人次，比上年增长 18.5%；实现旅游总收入 441.90 亿元，增长 20.6%。实现客运量 1371.81 万人、旅客周转量 95.32 亿人公里，分别增长 12.8%、11.7%。

---

① 2021 年，西藏国民经济稳定恢复、持续向好
https://baijiahao.baidu.com/s?id=1723184792157807417&wfr=spider&for=pc

五、民生条件

2019年，西藏自治区74个县（区）全部脱贫摘帽，农牧民收入随着脱贫攻坚的深入推进快速增长。增速位列全国第一，进入全面向好的态势。截止2019年底，从经济总量来看，西藏西藏生产总值1697.82亿元，按可比价计算，比上年增长8.1%，比全国高2.0个百分点，位居全国第二。①2020年，西藏实现地区生产总值（GDP）1902.74亿元，按可比价计算，比上年增长7.8%，位居全国第一。2021年，西藏生产总值2080.17亿元，按可比价计算，比上年增长6.7%。②2021年，居民收入进一步快速增长，城乡居民人均收入比缩小。全年西藏居民人均可支配收入24950元，比上年增长14.7%，两年平均增长13.1%。其中，城镇居民人均可支配收入46503元，增长13%，两年平均增长11.5%；农村居民人均可支配收入16935元，增长16%，两年平均增长14.4%。城乡居民人均收入比值2.75，比上年缩小0.07。全年西藏居民人均消费支出15342元，比上年增长16%，两年平均增长8.5%。③

随着人均收入的增加与市场商品种类的增多，西藏居民消费需求不断提升，城乡市场均出现了需求扩大的趋势。在受国际环境变化和全国经济下行的影响，2019年，西藏依然保持实现社会消费品零售总额649.33亿元，同比增长8.7%。尤其值得一提的是，2021年，消费市场规模继续扩大，其中，刚需类商品增长较快。全年西藏社会消费品零售总额810.34亿元，比上年增长8.7%，两年平均增长2.4%。按经营单位所在地分，城镇消费品零售

---

① 西藏自治区统计局：2019年西藏经济运行情况新闻发布会答记者问，2020-01-22 http://tjj.xizang.gov.cn/xxgk/tjxx/zxfb/202001/t20200122_130903.html

② 西藏自治区统计局：2019年西藏经济运行情况新闻发布会答记者问，2020-01-22 http://tjj.xizang.gov.cn/xxgk/tjxx/zxfb/202001/t20200122_130903.html

③ 2021年，西藏国民经济稳定恢复、持续向好 https://baijiahao.baidu.com/s?id=1723184792157807417&wfr=spider&for=pc

额668.25亿元，增长8.7%；乡村消费品零售额142.09亿元，增长8.6%。按消费类型分，餐饮收入81.73亿元，增长19.2%；商品零售728.61亿元，增长7.6%。限额以上消费品零售额218.52亿元，增长1.3%。从限额以上商品零售类值来看，粮油食品类、日用品类、石油及制品类等生活刚需类商品分别增长16.1%、78.0%、28.6%。[①]

六、政策条件

为进一步促进西藏边贸物流产业发展，自治区层面高度重视，相继出台了一系列规划方案和政策措施：《西藏自治区关于加强物流短板建设促进有效投资和居民消费的实施方案》《西藏自治区商贸流通业发展专项资金管理办法》《西藏自治区外经贸发展专项资金管理办法实施细则》《国家公路网规划（2013–2030年）》《西藏自治区省道网规划（2016–2030年）》《西藏自治区“十四五”时期物流业发展规划》等。这些为西藏边贸物流产业的发展提供了行动纲领和基本遵循。

不可否认，尽管近年来西藏自治区边贸物流产业基础设施建设步伐加快，企业规模不断扩大，服务网络和服务水平快速提升，但是从整体来看，边贸物流产业仍然是西藏发展的短板。物流网络不完善，基础设施供给滞后，物流成本较高，发展方式粗放，企业竞争力弱，专业化、社会化、现代化程度较低，这些不利条件也都将长期制约边贸物流产业进一步发展。

① 2021年，西藏国民经济稳定恢复、持续向好
https://baijiahao.baidu.com/s?id=1723184792157807417&wfr=spider&for=pc

第三章　西藏边贸物流产业的发展变迁

第一节　演化阶段

西藏物流产业的发展历程，与西藏的产业经济结构有着密切的联系。根据西藏经济体制改革以来产业结构的变迁过程，将西藏物流产业大致分为以下四个时期。

一、初创开辟时期

1951–1965 年，西藏三次产业结构为“一三二”。西藏工业生产和交通运输基本空白，这一时期，基础设施建设重点是为打通青藏公路，以及沿线附属设施设备的建设，体现了以重点突破为主，全方位推进为辅的物流产业链发展特征。1954 年，青藏、川藏公路建成通车，作为西藏物流服务的主动脉，85%以上的进出藏物资和 80%以上的客运靠公路运输。截止 1965 年，西藏国内生产总值仅为 3.27 亿，第一产业占比超过 70%，第二产业占比不到 10%，民用货运供给仅为 29.6 万吨。

二、蹒跚前行时期

1966–1978 年，西藏三次产业结构由“一三二”向“一二三”过渡。计划经济下，三大产业差距开始缩小，第二产业占比提高。由于文化大革命，导致很多行业停产停工，致使 1969 年，进藏物资比 1967 年下降了 53%。

直到1971年,后西藏物流才有了明显改观,1976年,随着滇藏公路全线通车,公路通车里程比1965年,增加8.5%,西藏97%的县和75%的区通了公路。这一时期,物流产业供应链体现了计划经济主导下的,物流资源的配送计划特征。截止1978年,西藏国内生产总值6.65亿,第一产业占比约为一半;二、三产业占比各超过两成,第二产业略微高于第三产业,西藏全年完成货运量82.4万吨。

三、探索建设时期

1979–1996年,西藏三次产业结构从"一二三"转向"一三二"。1984年,第二次西藏工作座谈会决定实行市场调节为主的一系列符合西藏实际生产经营的政策。这一时期,川、青、新、滇至西藏的公路全线贯通;青藏铁路一期工程西宁到格尔木段建成通车以及邦达机场工程顺利验收,这些无疑都加速了西藏物流供应链发展的步伐,以市场需求为目的的共同配送的物流产业供应链特征也初步显现。在经济体制改革的影响下,第三产业有所发展。1994年,西藏国内生产总值45.99亿元,第一产业占比为46%,第三产业占比接近四成,全年西藏货运量达187万吨。

四、迅速发展时期

1997年至目前,西藏三次产业结构从"一三二"到"三一二"逐步转向"三二一"。第三产业在GDP构成中逐步居于首位。截至2008年,相继投资建成了川藏、青藏、新藏、滇藏、中尼五条干线公路和14条航道;乡镇、行政村通车率分别达到92%和72%,公路总里程达到5.13万公里;2006年7月,青藏铁路通车;2007年9月,那曲物流中心正式开工建设;2008年底,阿里机场全部建设完成;2009年9月8日,西藏快递协会成立。

2010年，西藏全年货运量为209吨，第三产业占GDP份额的54.27%。不得不说物流产业的发展催生了第三产业的崛起，繁荣了商品流通业。2013年，在国家“一带一路”倡议下，西藏加快构建面向南亚开放的国际大通道，对接丝绸之路经济带。这一时期，物流运营供应链呈现出以市场需求为主的物流配送多样化的发展特征，已基本形成了以公路、铁路、航空为主体的综合立体交通网络，基础设施建设有了质的改变。2019年，实现地区生产总值（GDP）1697.82亿元，按可比价计算，比上年增长8.1%。其中，第一产业增加值138.19亿元，增长4.6%；第二产业增加值635.62亿元，增长7.0%；第三产业增加值924.01亿元，增长9.2%。人均地区生产总值48902元，增长6.0%，西藏全年完成货运量2608.02万吨。2021年，实现地区生产总值（GDP）2080.17亿元，按可比价计算，比上年增长6.7%。其中，第一产业增加值164.12亿元，增长7.3%；第二产业增加值757.28亿元，下降0.9%；第三产业增加值1158.77亿元，增长11.8%。人均地区生产总值57021元，增长8.9%，西藏全年完成货运量4093.13万吨。

第二节　发展成就

经过四个阶段的发展，西藏自治区流通持续向好，消费对经济增长的基础性作用进一步增强。“十三五”时期，西藏更是将边贸物流产业放在西藏区域经济发展的重要战略位置上进行谋划，不断优化该产业的制度环境和市场秩序，加快提升西藏边贸物流的高质量发展水平。以构建面向南亚开放重要通道为核心的开放型经济加快推进，农牧区商贸流通体系不断健全，偏远农牧区生活必需品供给、加油难等民生焦点问题得到有效解决，商务流通领域全面深化改革、助力脱贫攻坚工作取得实质性进展，西藏边贸物流产业呈现稳中求进，进中向好高质量发展态势。①

① 引自商务厅《西藏商务事业“十三五”发展回顾和“十四五”展望》

一、南亚大通道建设稳步推进

如期恢复樟木口岸货运通道功能，扩大开放吉隆口岸为国际性公路口岸，批准开放里孜口岸，加强推进亚东、吉隆、普兰 3 个边民互市贸易区建设。深化国际贸易“单一窗口”标准版应用，口岸通关效率和服务水平大幅度提升。全面落实外商投资负面清单管理制度，提升外商投资便利化水平。2016–2020 年，累计新设外商投资企业 78 家，实际吸收外资仅 3 亿美元。其中，2020 年，外商对西藏实际投资额 4214 万美元，同比增长近 40%。[①] 西藏努力构建“双循环”新发展格局，涉外经济稳步发展，投资合作领域逐年扩大，投资合作层次不断提高。出台《西藏自治区经济技术开发区管理暂行办法》，建立自治区经开区联系会议机制，批准设立昌都、日喀则、林芝自治区级经开区。拉萨综合保税区获国务院批复设立，“八通一平”基础设施项目建设和海关联检大楼及其附属工程建设累计完成总工程的 90%。贯彻落实中央第七次西藏工作座谈会关于“加快建设吉隆边境经济合作区、国家重点开发开放试验区”的决策部署。[②] 吉隆边境经济合作区落地建设项目 9 个，到位资金 7.76 亿元，固定资产投资完成 4.1 亿元。细化完善吉隆边合区“十四五”规划项目，力推帮兴待检停车场、美多当仟河道治理、吉隆镇风貌改造，中尼友谊工业园项目顺利启动。

二、外贸竞争新优势成效显现

积极落实稳外贸各项政策措施，实施出口信用保险和边贸企业能力建

---

① 2020 年西藏外商直接投资逆市增长近 4 成 _ 区域经济 _ 中国金融新闻网 https://www.financialnews.com.cn/qy/qyjj/202103/t20210311_213705.html

② 按照时间节点抢抓进度 加快推动吉隆重点 开发开放试验区和吉隆边境经济合作区建设 _ 西藏自治区商务厅 http://swt.xizang.gov.cn/xwzx/xzxw/202104/t20210421_200235.html

设惠企政策；实施出口退税、进口自用物资关税返还等举措，提高退税效率；培育外贸经营主体，目前西藏有 4 家外贸企业确定为外贸综合服务示范企业和跨境电子商务试点企业；培育外贸新模式新业态，以文化出口基地建设为突破口，“十三五”期间，西藏文化旅游创意园区被评为国家文化出口基地。2016–2021 年，西藏自治区外贸进出口结构持续优化，外贸进出口总额达到 268.34 亿元，2019 年，外贸出口额自 2013 年以来首次实现正增长。2021 年，西藏货物进出口总额 40.16 亿元，同比增长 88.3%。其中，出口 22.52 亿元，增长 74.1%；进口 17.64 亿元，增长 110.2%。①

在进出口贸易中，根据海关统计，2016–2021 年，西藏西藏边境小额贸易分别为 29.86 亿元、23.39 亿元、24.12 亿元，29.33 亿元，9.67 亿元 ,17.22 亿元，分别占西藏当年外贸进出口总额的 57.8%、39.7%、50.8%，64.69%，45.34%，42.88%。其中，2021 年，边境小额贸易进出口总值达 17.22 亿元，增长 78.1%，出口 17.22 亿元，增长 78.4%，进口 0 亿元，下降 100%。2016–2020 年，边民互市贸易分别为 0.9 亿元、0.4 亿元、1 亿元、2.2 亿元 ,0.05 亿元。其中，2020 年边民互市贸易进出口总值为 0.05 亿元，下降 97.58%，其中出口 0.02 亿元，下降 97.45%，进口 0.03 亿元，下降 97.66%。

三、综合交通运输网络加速形成

西藏大力推进综合交通基础设施建设，逐步形成了由铁路、公路、民航、邮政构成的综合交通运输网络。2020 年，全年完成货物运输周转量 158.18 亿吨公里。全年旅客运输周转量 85.29 亿人公里，下降 34.7%。年末公路总通车里程 11.88 万公里，比上年增加 1.49 万公里。其中，有铺装路面

① 2021 年西藏外贸进出口总值达 40.16 亿元
https://baijiahao.baidu.com/s?id=1724168910414587153&wfr=spider&for=pc

总里程 4.61 万公里。西藏全年完成货运量 4093.13 万吨、实现货物周转量 158.18 亿吨公里，同比分别增长 1.6% 和 1.3%，继续保持了稳定增长的趋势。其中，铁路货运周转量下降 0.3%；公路货运周转量增长 2%；民航货运周转量下降 33.5%。全年完成客运量 1215.96 万人，同比下降 35.8%。全年旅客周转量达 85.29 亿人公里，同比下降 34.7%。西藏初步形成了以拉萨贡嘎机场为干线，以昌都邦达、林芝米林、阿里昆莎、日喀则和平机场为支线的航空网络。[①]

2021 年拉那高速公路建成通车，拉日高速公路进展顺利，乡村公路通达率分别达 100% 和 99.96%，公路通车总里程 12 万公里。新增航线 19 条，贡嘎机场 T3 航站楼投运。新建 5G 基站 3083 个，光缆线路近 28 万公里。青藏铁路格拉段完成扩能改造，川藏铁路全线开工、拉林段通车运营，“复兴号”首次开进雪域高原。[②]

四、城乡流通体系不断健全

西藏政府正确处理加快城市发展与提高农牧区基本公共服务能力的关系，大力推动商贸流通体系向农牧区延伸，研究形成了《西藏自治区面向供给侧改革的物流业降成本、补短板战略与政策研究》，为补齐现代物流业发展短板提供政策支撑。扎实推进电子商务与快递物流协同发展，成立西藏自治区电子商务与商贸物流协会，与京东集团、顺丰集团签订“互联网+物流”全面战略合作框架协议，为西藏电子商务企业搭建起了资源共享、互利共赢的平台。

① 2020 年西藏自治区国民经济和社会发展统计公报 _ 西藏自治区人民政府 http://www.xizang.gov.cn/zwgk/zfsj/ndtjgb/202104/t20210408_198946.html

② 2022 年 1 月 4 日在西藏自治区第十一届人民代表大会第五次会议上政府工作报告 http://www.xizang.gov.cn/zwgk/xxfb/zfgzbg/202201/t20220125_281389.html

大力实施电子商务进农村，2015–2018 年，西藏先后有 27 个县区实施了电子商务进农村综合示范工作，有效助力农畜产品拓展上行渠道。2019 年，西藏以整区推进形式开展 47 个县综合示范工作，西藏成为全国唯一获批以整区推进形式开展电子商务综合示范工作的省区。2016–2019 年，累计帮扶群众开设网店 1229 家，服务建档立卡贫困人口 36666 人次，累计实现农牧区网络销售额 2.6 亿元。十四五开局第一年，农村电商发展成效显著，电子商务进农村深入推进。截止 2021 年 6 月，西藏已建成自治区级电子商务公共服务中心 1 个，地市级公共服务中心 3 个，县级服务中心 43 个；自治区级仓储物流中心 1 个，地市级仓储分拣中心 3 个，县级运营网点 43 个；乡镇级服务站 252 个，村级服务点 799 个，累计培训人员 7.4 万余人次，累计服务原建档立卡贫困人口 4.4 万人，帮扶原建档立卡贫困人口销售农特产品 954.6 万元。通过开设“西藏特产馆”“西藏扶贫馆”“西藏特色馆”，上架农特产品 465 款，实现销售额 1754 万元。2021 年脱贫地区企业“三品一标”认证培训工作，推荐了 5 家帮扶企业和 7 家备选帮扶企业，大力帮扶西藏优质农产品生产经营企业申请“三品一标”认证。2021 年 1–6 月，西藏农产品实现网络零售额 7.6 亿元。直播成为农特产品上行的重要途径，参与直播的农产品实现网络零售额 0.5 亿元，实现网络零售量 42.1 万件，农产品直播商品数达 911 个，投放率 14.3%。[①]

截至 2021 年 6 月底，西藏自治区西藏网商总数 38790 家，其中，应用型网商数 38057 家，占网商总数的 98.11%；服务型网商数 698 家，占网商总数的 1.80%；平台型网商数 35 家，占网商总数的 0.09%。2021 年 1–6 月，西藏网络零售额实现 74.2 亿元，同比增长 66.2%，增速较全国高出 43 个百分点，在全国占比较去年同期小幅提升。[②]

---

① 西藏农村电商发展成效显著 http://news.10jqka.com.cn/20210723/c631219832.shtml

② 2021 年上半年西藏电子商务发展表现强韧 _ 西藏自治区商务厅 http://swt.xizang.gov.cn/xxgk/dzsw/202107/t20210716_250692.html

五、冷链物流体系建设初见成效

西藏不断探索农牧区流通体系建设和物资保障供应新路径。在班戈、申扎、措勤、八宿、错那、仲巴等县开展偏远乡村果蔬配送工程试点工作，有效解决了偏远农牧区果蔬配送困难的民生问题。针对偏远乡村农牧民加油难问题，实施《西藏自治区农牧区乡镇加油站建设指导意见（试行）》，适当放宽偏远乡镇加油站建设标准，全力保障偏远乡村生产生活油品供应。2016–2021 年，西藏西藏社会消费品零售总额实现 3785.76 亿元，年均增速约为 8.49%，高于全国平均水平，消费在西藏生产总值中的比重由 2015 年的 39% 提升到 2021 年的 65.4%，消费对经济增长的拉动作用进一步增强。

六、资金使用效益水平不断提升

修订《西藏自治区商贸流通业发展专项资金管理办法》《西藏自治区外经贸发展专项资金管理办法实施细则》，规范资金管理，提高项目资金实施力度。制定《西藏自治区商务项目资金管理制度（试行）》，明确项目资金管理程序。2016–2019 年，中央预算内项目 71 个，总投资 7.31 亿元。其中，口岸基础设施建设项目 18 个，投资 5.03 亿元；农畜产品流通基础设施建设项目 23 个，投资 1.01 亿元；重要商品储备库建设项目 30 个，投资 1.27 亿元。2021 年，西藏积极衔接国家"十四五"规划项目实施方案，有力推进"十四五"发展规划，投资 6015 亿元、较"十三五"增长 58%。落实中央政府投资 718.8 亿元，超出 500 亿元目标任务 218.8 亿元。重大项目进展加快，预计重点项目完成投资 1600 亿元。拉林铁路建成通车、"复兴号"飞驰雪域高原，川藏铁路全线开工，拉那高速通车运行，城镇道路、城镇防洪排涝等市政设施有序实施。①

① 来源：《西藏自治区 2021 年国民经济和社会发展计划执行情况与 2022 年国民经济和社会发展计划草案报告》

第三节　制约因素

"十三五"时期，西藏地区边贸物流产业基础设施建设步伐加快，商贸市场体系持续完善，对内对外开放水平不断提高，边境口岸、边贸市场和边贸点建设规模不断扩大。但受历史发展水平与自然环境制约，边贸物流产业仍然是西藏地区发展的短板，物流网络不完善，基础设施供给滞后，物流成本较高，发展方式粗放，市场主体竞争力弱，专业化、社会化、现代化程度较低。

一、交通基础设施建设相对滞后

西藏地区基础设施建设落后，不能适应现代物流业发展需要。公路目前是西藏最重要的运输方式，即便公路交通有了较大的发展，但与全国水平甚至西部地区相比差距仍很大，远不能适应西藏经济社会发展的需要。与我国中东部地区相比，西藏整体物流基础设施发展滞后，仍然处于起步阶段。截至 2017 年底，西藏铁路路网密度不足 7.9 公里 / 万平方公里，仅为全国平均水平的 6.3%，西藏只有一条进、出藏的铁路，西藏阿里地区至今尚未通铁路；西藏公路密度为 6.98 公里 / 百平方米，仅为全国平均水平的 14%，二级及以上公路里程为 1333.7 公里。阿里地区高等级公路还处于攻克阶段，省道基本为砂石路，沿边通道尚未全部打通，乡、村通畅"双百"目标尚未实现。截至 2021 年底，西藏铁路路网密度约为 0.001 公里 / 平方公里，仅为全国平均水平的 3.3%，西藏只有一条进、出藏的铁路，西藏阿里地区至今尚未通铁路；西藏高速公路密度为 0.08 公里 / 百平方公里，仅为全国平均水平的 2.1%，一级及以上公路里程为 1105 公里。西藏阿里地区高等级公路还处于攻克阶段，省道基本为砂石路，沿边通道尚未全部打通，乡、村通畅“双百”目标尚未实现。[①]

二、商贸流通体系依然薄弱

一方面，基于自然、历史、交通等诸多因素影响，特别是受农牧区地域辽阔、农牧民居住分散的影响，截止2020年，西藏仅有364.8万常住人口，分布在约占全国八分之一的广袤地区，生产、流通和消费服务的物流需求小。另一方面，由于交通基础设施发展滞后，导致西藏地区生产要素成本趋高，物流成本居高不下。这使得西藏地区商贸流通业整体发展水平不高，农牧区商贸流通设施极为薄弱，偏远农牧区物质供应“不充分、不方便、不实惠”等短板依然突出。

三、电子商务等新业态发展支撑不足

西藏农牧民群众文化程度普遍较低，特别是基层农牧民群众普通话和汉字识别能力较低，传统观念尚未改变，电子商务进农村覆盖不甚理想；本土电商平台知名度不高、流量不足，传统商贸流通企业信息化程度不高，转型升级投入小；快递物流发展严重滞后，农牧区物流体系不健全、冷链基础设施差，电子商务在农牧区的双向流通渠道，特别是特色产品的上行渠道严重受阻，制约了西藏电子商务等新型业态发展。

四、面向南亚开放口岸建设任务艰巨

西藏作为南亚大通道建设的前沿阵地，口岸基础设施薄弱、通关便利

---

① 2021年，西藏自治区政府工作报告_西藏自治区人民政府
http://www.xizang.gov.cn/zwgk/xxfb/zfgzbg/202103/t20210324_197174.html

化水平不高。以阿里地区普兰口岸为例，口岸主要山口通道交通条件落后，仅斜尔瓦通往普兰县城的道路为柏油路。邻国边境地区交通设施简陋，边民贸易基本依靠人背马驮进行运输。与普兰口岸接壤的尼、印边境地区经济比较落后，边民市场购买力较弱，对商品和服务的需求层次不高。且与印度之间商贸往来缺乏沟通机制，存在经贸交流合作障碍。

五、物流园区、产业园区建设发展缓慢

主干物流网络不发达，综合物流园区、快递园区、分拨中心、仓储配送中心不健全，分级物流体系尚未建立。园区基础设施投资不足，基础设施和功能设施进展缓慢，影响了生产要素和资源的引进吸收。物流企业总体规模偏小，经营粗放，功能单一，整体竞争实力弱。物流信息化水平低，物流资源条块分散，要素集约利用率不高，以商贸流通和仓储业为主的传统物流运营方式没有根本性改变，物流仓储自动化、标准化、信息化水平低。企业间协作配套能力差，没有形成分开协作的产业链，还处于企业简单堆积的产业集群化初级阶段。

第二篇　行业篇

第四章　西藏交通运输行业

第一节　发展形势

西藏自治区综合交通运输“十三五”发展规划指出“要主动融入丝绸之路经济带、建设我国面向南亚的重要通道”。这无疑需要交通基础设施提供最有力的硬件支持。但是作为国民经济的基础性产业交通运输业，一方面，如果交通运输业的发展跟不上国民经济的发展时，就会成为制约国民经济的瓶颈，另一方面，在总的社会资源有限的情况下，尤其是国民经济处于快速发展时期，社会各方面都需要进行大量投资的情况下，交通运输业的过度发展，可能会造成资源浪费，抑制别的部门的发展。因此，研究促进西藏区域经济增长的交通基础设施发展问题具有重要的现实意义。

2015 年 8 月，中央第六次西藏工作座谈会确定了西藏作为面向南亚开放重要通道的发展定位。尽快建设完善、高效运转的交通运输体系，以应对更加复杂多样的贸易需求，既能够支撑起庞大的贸易总量，也能够满足不同地区、不同商品对于贸易物流的个性化需求，是支撑西藏区域经济发展的重要保障。

2020 年 8 月，中央第七次西藏工作座谈会进一步提出要采取特殊支持政策加强边境地区建设，围绕川藏铁路建设等项目，推动一批重大基础设施、公共服务设施、建设更多团结线、幸福路。2021 年，召开的自治区第十次党代会中也提出，要着力创建高原经济高质量发展先行区，加快发展边贸物流业，推进城乡物流配送网络一体化，推动商贸流通体系向偏远乡村延伸。这些都为西藏边贸物流产业提供了更为广阔的发展机遇。与此同时，新的发展形势对西藏交通运输也提出了新的更高要求，具体体现在：[①]

一、满足人民群众出行基本需求

党的十八大提出到2020年，全面建成小康社会的宏伟目标，“十三五”时期是全面建成小康社会的关键时期。2019年，西藏人均GDP仅为4.9万元，仅为全国平均水平的62%。2020年，西藏人均GDP为5.2万元，仅为全国平均水平的72%。2021年，西藏人均GDP为5.5万元，仅为全国平均水平的68%。西藏必须实现经济社会长足发展和长治久安，才有可能同全国一道全面建成小康社会。交通在西藏建设全面小康社会中，发挥着关键作用。充分发挥交通在经济社会发展中的“先行官”的作用，要求积极谋划和实施一批交通基础设施重大项目，全面提升交通基础设施通达深度、覆盖范围和通行能力，切实改善居民出行条件，保障基本出行需求、通信自由和寄递需求。

二、加大交通基础设施建设力度

“一带一路”是在世界格局迅速变化与周边环境不确定性上升的情况下做出的一个确定性选择。新时代、新形势和新任务中国对外开放总格局立足国内大循环，促进国内国际双循环，坚持实施更大范围、更宽领域、

① 来源自：西藏自治区综合交通运输“十三五”发展规划 _ 西藏自治区人民政府 http://www.xizang.gov.cn/zwgk/xxfb/ghjh_431/201902/t20190223_61983.html

更深层次的高水平发展。将西藏纳入“一带一路”建设总体布局，不仅赋予了西藏更加重要的战略地位，而且使西藏有了更加清晰的发展方向，也为西藏实现全面建成小康社会、长足发展和长治久安提供了战略支持和政策保障。把握重大发展机遇，要求西藏科学谋划发展思路，全面加强铁路、公路、民航建设，扩大路网规模，提高通达能力，强化与东中部地区和周边国家的交通联系。

打造我国面向南亚开放的重要通道，要求畅通对外运输通道、实现互联互通。

西藏是中国面向南亚的战略枢纽和开放门户，为对接“一带一路”国家战略和孟中印缅经济走廊建设，加强中国与南亚的经济贸易合作和文化交流，西藏将积极构建开发开放“三圈三带”新格局。建设环喜马拉雅国际经济合作带，积极参与孟中印缅经济走廊建设，增强拉萨、日喀则等面向南亚开放重要枢纽功能，要求构建西藏与周边国家立体交通网络体系，畅通公路、铁路对外运输通道，提高跨国界运输、物流效率和服务能力，实现互联互通和国际运输便利化。

三、完善区际、城际干线运输通道

“一圈两翼三点两线一圈”[①]城镇化新格局的构建，要求加强“拉萨－泽当城镇圈”一体化交通建设，推进两翼快速通道建设，提高国省干线的

① 一圈两翼三点两线一圈：以拉萨市为中心、乃东县泽当镇为重要支撑，以拉萨至墨竹工卡、拉萨至泽当为两轴线的拉萨—泽当城镇圈。两翼：西翼以日喀则市桑珠孜区为区域中心、拉孜县曲下镇和江孜县江孜镇为重要节点，拉日铁路、国道318和国道562为轴线的雅鲁藏布江中上游城镇；东翼以林芝市巴宜区八一镇为区域中心、波密县扎木镇为重要节点，国道318为轴线的尼洋河中下游城镇。三点：藏东强化昌都市卡若区区域中心地位，发挥藏东门户、连接西南、融入成渝的纽带作用；藏北强化那曲县那曲镇区域中心地位，发挥交通便利、服务牧业、连接西北的作用；藏西强化噶尔县狮泉河镇区域中心地位。两线：边境沿线重点乡镇和交通沿线重要小城镇。

技术等级，推进支线铁路建设和航空运输发展，完善邮政、快递设施，促进经济交流与合作，加强产业、资源在不同区域间的互补流通。铁路方面，要求强化既有线路扩能改造，加快推进复线建设，提高电气化水平；公路方面，要求加快打通省际“断头路”，强化路网衔接，加强国省干线公路改造，基本实现具备条件的所有县城通二级及以上等级公路，有条件的乡（镇）、行政村通沥青（水泥）路；民航方面，要求加强大中型干线机场建设和改造，新建一批对改善边远地区交通条件、促进旅游等资源开发以及应急保障具有重要作用的支线机场，鼓励发展通用航空。

四、加快产业通道建设

西藏能源、矿产、生物资源储量丰富，是我国重要的战略资源储备基地和高原特色农产品基地，具备发展特色资源产业的潜力。未来西藏将以构建特色产业大区为目标，形成以拉萨市、日喀则市、泽当镇、八一镇为主的“一江三河”区域产业集群区和昌都镇、那曲镇、狮泉河镇为主要节点的产业空间布局。支撑发展壮大特色优势产业，要求大力推进与重要资源产业基地相连接、与特色经济相适应的资源通道建设，并以货运枢纽站场为依托建设物流货运中心，推动邮政和快递融入交通货运枢纽，构建覆盖广泛、运转高效、资源共享的货物运输枢纽网络。

五、提升旅游客运服务水平

近年来，西藏旅游产业发展迅速，已成为国民经济的重要支柱产业之一。“十三五”时期，西藏接待游客近 1.6 亿人次，旅游总收入 2100 多亿元；西藏旅游市场在线消费的额度正以每年 20% 以上的速度持续增长；5 年间旅游业实现税收 120.15 亿元，带动西藏住宿餐饮业实现税收

8.02 亿元。2021 年，西藏自治区全年接待游客 4150 万人次，旅游收入 441 亿元。交通是发展旅游业的必要条件，是联系旅游者与旅游对象的重要环节,对旅游业的发展起着推动作用。支撑西藏世界旅游目的地建设，要求加强旅游交通基础设施建设，推进旅游环线公路升级改造和旅游专用公路建设，实现连接 3A 级以上景区公路全部黑色化；完善旅游客运网络,发展高端旅游客运服务,增加主要客运地及重点旅游城市直飞航班，推动 3A 级以上旅游设施建设配套邮政、快递网点，不断拓展旅游业发展空间。

六、加强国防交通和应急保障能力

西藏在保持我国政治社会稳定，维护祖国统一，促进民族团结，巩固国边防等方面具有重大的战略意义。交通运输作为西藏国防和战时的生命线，现有运输保障能力十分有限，远远不能满足国防战备要求。加强交通基础设施建设，提高国防保障能力和应急保障能力，保障重要战略物资和应急救灾物资运输的及时性和可靠性，是维护国家经济社会运行安全和国防安全的必然要求。

七、大力发展绿色交通

西藏是我国和亚洲重要的江河源区，是维系我国和东亚生态系统稳定的重要屏障。西藏生态敏感而脆弱，生态环境保护建设形势更加严峻、任务更加繁重。因此，西藏交通运输发展必须坚持“节约优先、保护优先、自然恢复为主”的方针，减少生态环境破坏，走节约资源、保护环境、提高效率、保障安全的可持续发展道路，促进交通与自然和谐发展。

第二节　发展现状

一、发展现状

（一）公路建设

目前，西藏还是以公路为主的交通运输体系。“十一五”期间公路技术等级明显提升，等级以上公路从10905公里增加到32049.85公里，青藏公路全线达到二级公路技术标准，五条国道面黑色化率从37.28%提高到80%，沥青路面从3288公里增加到8194.53公里，西藏7个地市全部实现通沥青路面路，乡镇公路通达率从76.4%提高到100%，建制村通达率从68.7%提高到81.25%；公路建设里程从39300公里增加到51380公里。

西藏“十二五”期间，已建成以拉萨为中心，以青藏、川藏、新藏、滇藏和中尼公路为骨架，包括15条干线公路、375条支线公路，四通八达的公路网，推进滇藏公路新通道建设，公路总里程达7.8万公里，比“十一五”末增加33.7%。川藏公路西藏段、新藏公路全线黑色化。拉林高等级公路开工路段、林芝米林机场快速通道、嘎拉山隧道和雅江特大桥建成通车，高等级公路实现零的突破、达到300公里。墨脱公路全线通车，结束了全国唯一一个县不通公路的历史。

“十三五”期间，西藏累计完成交通运输固定资产投资2516亿元，超计划完成投资128亿元，为西藏自治区“十三五”规划目标的105%，是“十二五”期间680亿元的3.7倍。川藏、新藏、青藏、滇藏、中尼陆续完成，还重修了区内通往拉萨至贡嘎机场、林芝等地的公路。2018年，公路通车里程9.74万公里是1959年7343公里的13.3倍。2019年，末公路总通车里程103951公里，比上年增加6167公里。其中，有铺装路面总里程 35262 公里。2020 年末公路总通车里程 118831 公里，比上年增加 14880 公里。2021 年，拉那高速公里建成通车，拉日高速公路进展顺利，乡村公路通达率分别达到 100% 和 99.96%，公路通车总里程 12 万公里。

（二）铁路建设

2006 年 7 月 1 日，青藏铁路全线通车，标志着西藏高原不同火车的历史结束。该工程总投资逾 330 亿元人民币，全线路共完成路基土石方 7853 万立方米，在建设过程中创造了多项世界铁路之最。2014 年 8 月，拉日铁路—青藏铁路的一条支线—正式通车。这条铁路跨过年楚河国家湿地公园，穿越藏南高温水热活动区的南部，将青藏铁路的终点站拉萨，同西藏的西南重镇日喀则连接起来。拉日铁路的开通，使得拉萨与日喀则之间的往返更加顺畅。

随着围绕着青藏铁路规划川藏（四川—西藏）、滇藏（云南—西藏）、新藏（新疆—西藏）等铁路的多条线路开工实施，一旦形成以青藏铁路为纽带的多元化交通网，可以直通南亚，从而形成中国西部的一条重要国家通道。届时，作为连接东亚与南亚唯一的陆路口岸，西藏这一“门户”优势也将开始凸显。西藏也就成为我国通往南亚的、印度洋的“桥头堡”。

2014 年底，随着川藏铁路的动工修建，青藏铁路延伸线由日喀则至尼泊尔边境协议的达成，西藏还计划将铁路从日喀则修至亚东帕里镇，该铁路将从帕里南下，与印度铁路网连接，形成通向南亚、出印度洋走向世界的战略通道。计划修建的还有滇藏铁路，从大理、丽江、香格里拉、德钦延伸，经过盐井，直至芒康。以及新藏铁路：从日喀则西行，在原有公路的基础上，经过拉孜，再往西抵达噶尔雅沙。从噶尔雅沙往北，经过阿克赛钦湖西面，最后抵达终点新疆和田市。2021 年，青藏铁路格拉段完成扩能改造，川藏铁路全线开工、拉林段通车运营，“复兴号”首次开进雪域高原。

（三）民航建设

2004 年，西藏的民航系统除开通拉萨至成都、北京、上海、广州、重庆、西安、西宁、昆明等航线外，还开辟了拉萨—邦达的区内航线、拉萨—香港的包机航线和成都—拉萨—加德满都国际航线。2006 年，林芝机场试航成功。2009 年，昌都邦达机场改扩建工程投入使用。2010 年，阿里昆莎机场正式通航。同年 10 月日喀则和平机场试飞通航，拉近了珠穆朗玛峰和独具特色的后藏风光与世界各地游客间的距离。“十二五”期间，贡嘎、米林、邦达机场改扩建工程进展顺利，国内外航线增至 63 条，通航城市 40 个。2019 年，西藏形成了以拉萨贡嘎机场为干线，以昌都邦达、林芝米林、阿里昆莎、日喀则和平机场为支线的航空网络。根据新华社报道，2020 年 9 月 3 日，随着西藏航空开通拉萨—红原—绵阳航线，西藏开通航线数量已达 120 条。2021 年，西藏新开 20 条航线、新增通航城市 7 个，贡嘎机场 T3 航站楼投运。

（四）客货运输

2010 年，西藏公路完成运输 952 万吨，806 万人次；航空运输完成运输起降 13970 架次，旅客吞吐量 154 余万人次，货运吞吐量 14.7 万吨；管道运输完成 13 万吨；青藏铁路自 2006 年，开通运营到 2010 年底，共运输旅客 1426 万人，运送货物 1.23 亿吨。2020 年，西藏全年完成货运量 4106.51 万吨，比上年增加 1.65%。其中：铁路运输完成 51.99 万吨，下降 5.7%；公路运输完成 4038.97 万吨，增长 1.7%；民航运输完成 2.75 万吨，下降 27%；管道运输完成 12.8 万吨，增长 8.7%。同年，西藏客运总量 1215.96 万人次，下降 35.8%，其中：公路运输完成 576.39 万人次，下降 43.5%；铁路运输完成 248.61 万人次，下降 28%；民航运输 390.96 万人次，下降 26%。全年完成货物运输周转量 158.18 亿吨公里。其中，铁路运输 39.8 亿吨公里，与上年基本持平；公路运输 116.73 亿吨公里，增长 2.0%；民航运输 0.43 亿吨公里，下降 34%；管道运输 1.22 亿吨公里，增长 8.9%。

第三节　制约因素

一、运输能力不足

主要运输通道能力十分紧张，在西藏经济社会持续快速增长的情况下，瓶颈制约日趋严重。铁路线路单一，目前青藏铁路运输能力与运输需求量的矛盾十分突出。公路运输由于通行能力差，除青藏公路外，川藏公路及其他干线公路受季节影响，因多种病害阻断情况相当严重，甚至与每当雨季来临和冬雪降至，川藏公路基本无法通行。同时，由于运输能力的限制使公路不能完全按照各种旅客群体和货物种类设计运输产品，以致影响了运输质量的提高。

二、交通运输网络密度较低

目前，作为西藏主要的交通运输和生命线的公路、铁路仍然远远不能适应经济发展的需求。其更深层的原因是主要受自然环境的制约。首先，西藏平均海拔 4300 米以上，面积辽阔，局部地段相对高差可达海拔 1500 米以上，地质条件极为复杂和不稳定，工程量大，造价高昂。其次，绵延 600 公里的高原永久冻土带，给交通建设带来了特殊的困难。此外，在藏北海拔 4300 米以上的高寒地区，空气稀薄，冬季漫长，温度变化强烈，机械效率降低，生活补给线长，造成施工困难。

三、各种运输方式之间衔接不够紧密

我国目前交通运输体系处于多头管理、条块分割的状态。这种情况导

致西藏各种运输方式之间的衔接较差，造成运输效率低下和资源浪费以及社会成本的提高。各种运输方式均强调自身在某一方面的作用，都在构建自己的运输枢纽，而未统筹考虑合理分工和协调发展，未考虑各种运输方式有机衔接，没有形成具有综合功能的运输枢纽。

四、技术装备水平较低

目前西藏公路等级相对较低，国道、省道上的断头路比较多平均等级达不到四级，西藏阿里地区高等级公路还处于攻克阶段，省道基本为砂石路，沿边通道尚未全部打通，乡、村通畅“双百”目标尚未实现。铁路复线和电气化率不高，客运高速和运营管理自动化等尚处于起步阶段，集装箱和冷藏等现代化运输装备不足，交通运输工具技术状况层差不齐，运输效率和效益较低，安全性差。此外，交通运输软件建设处于较低水平，尚不能为用户提供更为安全、快捷、方便、舒适的服务，突出表现在服务人员素质不高、运输中转衔接不协调、运输信息不及时、客货代理机制不健全、旅客及货物托运人权益不能得到有效保障等。在货物运输方面，目前只提供单纯的运输服务，很少涉及物流的其他过程。与区外其他省份相比，运输服务和质量存在较大差距。

五、影响运输方式的制约因素

公路运输方面，由于西藏面积广阔，不同地区之间距离远，使得建设公路的成本高，维护公路的费用大。西藏公路的发展将花费大量的人力、物力、财力，而与其他运输方式相比，公路运输的经济效益差，因此公路运输一直被视为“高损大户”。西藏高速公路密度为0.08公里/百平方公里，仅为全国平均水平的2.1%，一级及以上公路里程为1105公里。铁路运输方面：西藏铁路运输的发展主要受自然地理条件的限制。西藏高原存在的大量冻土区、几大山脉的弧形分布等自然地理条件给铁路建设和日常运输带来巨大挑战。西藏铁路路网密度约为 0.001 公里 / 平方公里，仅为全国平均水平的 3.3%，西藏只有一条进、出藏的铁路，西藏阿里地区至今尚未通铁路。民航运输方面，虽然西藏民用航空于 1960 年，正式开辟民用航空线后得到了迅猛的发展，并逐渐在西藏对外联系中占据重要的地位，但与国内其他省份相比，西藏民航现有的规模和运输能力还有一定差距。

第四节　空间布局

抢抓国家“一带一路”南亚大通道建设给西藏区域物流带来的重大机遇，充分发挥区位优势，结合《西藏自治区“十四五”时期现代物流业发展规划》《拉萨市国民经济和社会发展第十四个五年规划纲要》，《日喀则市“十四五”时期国民经济和社会发展规划纲要》《西藏自治区山南市“十四五”时期国民经济和社会发展规划纲要》《昌都市国民经济和社会发展第十四个五年规划及 2035 年远景目标纲要》《那曲地区国民经济和社会发展第十四个五年规划纲要》《阿里地区“十四五”时期国民经济和社会发展规划纲要》从七地市发展规划指明“十四五”时期交通基础设施发展任务。

通过三个层次的体系建设，整合资源、合理布局、扩大开放，加快推进城市间综合物流通道网络和物流节点建设，完善陆运通道和航空网络，形成公路、铁路、航空等多种运输方式有效衔接的物流基础设施网络。

第一层次：以拉萨为中心，沿日喀则方向（即沿国道 318 线、拉日铁路），延伸至吉隆口岸建设南亚国际物流通道，与南亚国家实现深度合作发展，与“一带一路”南亚国家高效联动发展，为实现西藏对内对外开发开放提供有力支撑；沿林芝、昌都方向（即沿国道 317、318 线），建设川渝联动物流通道，实现与川渝经济圈、长江经济带沿线地区高效联动发展；

沿那曲方向（即沿国道 109 线、青藏铁路），延伸至藏青工业园区，建设甘青联动国际物流通道，与丝绸之路经济带沿线地区高效联动发展。

第二层次：沿着“三轴”物流通道，依托既有公路、铁路交通通道，畅通昌都、山南、阿里等地区的支线物流通道，实现区内城镇物流高效联动发展，支撑构建覆盖城乡的生产、生活保障物流体系。

第三层次：重点针对面向南亚开放的国际通道，依托吉隆、樟木、普兰、里孜、陈塘、日屋、亚东、吉太等边境口岸及边贸通道条件，畅通面向尼泊尔、印度等周边国家的多边国际物流通道，对边境贸易、边境产业发展形成有效支撑。

表 4–1 “十四五”期间西藏地区交通基础设施重点建设项目

铁路重点项目：推进滇藏铁路重点路段。加快川藏铁路建设。中尼铁路日喀则至吉隆段。青藏格拉段和拉日铁路电气化改造及外部配套供电工程前期工作。
公路重点项目：加快 G318、G219 及其并行线等骨干公路改造升级。推进建设 G6 那曲至拉萨段。G4218 拉萨至日喀则机场段高速公里。
民航重点项目：拉萨贡嘎机场航站区改扩建工程、新建第二跑道、林芝米林机场平行滑行道、昌都邦达机场飞行区改造工程、昌都邦达机场航站区扩建工程。定日、普兰、隆子支线机场建设。
邮政重点项目：邮政生产场地建设及改造，综合业务用房建设，营投网点改造，邮运车辆更新等。

来源于：西藏自治区综合交通运输“十四五”发展规划

一、一级轴心城市——拉萨

（一）打造国家物流枢纽城市

根据《西藏自治区拉萨市现代物流业发展规划（2012——2020）》，拉萨市物流通道体系规划为市域物流通道、区域及区际物流通道、国际物流通道三个层次。其中，市域物流通道即拉萨市市域范围内物流节点间的货物运输通路；区域及区际物流通道即拉萨市与区内其他地区以及外省市间的货物运输通路；国际物流通道即依托拉萨市物流节点与区内相关口岸间的联动，与周边国家进行货物流转的通路。

（二）构建航空、铁路、公路为一体的快速综合交通运输体系

加快推进拉萨新机场前期工作，打通城关区夺底乡至林周隧道。加快推进拉林铁路、拉墨专用铁路建设。加快高等级公路交通基础设施建设，打造以市区为枢纽、川藏通道、青藏通道、拉林通道（拉萨 -- 林芝）、拉山通道（拉萨 -- 山南）为对外联系的“一枢纽、四通道”，形成“以拉萨为中心三小时综合交通圈”。完成县乡道路升级改造，逐步实现自然村公里通畅。完善城乡交通运输体系，优先发展城市公共交通，优化省市际班线，完善县级班线，建立农村客运体系，加快发展邮政物流配送体系建设，实现客运“零距离换乘”、货运“有效衔接”。发挥藏中南区位辐射优势，加快构建以铁路、高等级公路及贡嘎机场为骨干、普通国省道为主体、乡县公路为补充的区际综合交通运输体系，规划建设一批现代化综合交通枢纽，建成一批团结线、幸福路。拉萨市“十三五”时期交通基础设施条件得到有效改善，拉日铁路于 2014 年 8 月份运营，纳金大桥、迎亲大桥、拉林高等级公路等一大批重大项目建成，新增公路里程 1936.69 公里。拉萨至贡嘎机场高等级公路——西藏第一条高速公路通车。拉萨贡嘎机场开通 33 条航线，其中国际航线 2 条。拉萨市“十四五规划”指出到 2025 年，市域公路通车里程、技术等级迈上新台阶，公路列养率达到 100%。打造以通用机场为支撑的应急救援网络。优先发展公共交通，推进公交廊道和综合客运换乘枢纽站场建设，建设“公交都市”。

（三）进一步加强城投物流集散中心基础设施建设

“十三五”时期拉萨已经建成并启动运营了城投物流集散中心、东嘎农副产品批发市场、亨通物流园等一批物流项目，已初步形成了拉萨区域中枢物流节点。东嘎农副产品批发市场是拉萨乃至西藏规模最大的农副产

品批发市场，在满足拉萨本地市民供应需求的同时，也辐射带动了山南、日喀则、林芝、那曲、阿里等周边地区农产品的流通。

表 4–2 拉萨市“十四五”规划 交通运输重点项目

铁路：配合实施青藏铁路格尔木至拉萨段电气化改造、拉日铁路电气化改造。 **民航：**配合实施拉萨贡嘎机场航站区改扩建工程、贡嘎机场第二跑道新建工程，应急救援基地工程。 **公路：**配合实施 G6 线那曲至拉萨段、G4218 线拉萨至日喀则机场。续建 S5 线拉萨至泽当段快速通道，新建 G561 线林周至拉萨段新改建工程，加快雅安至叶城高速公路拉萨市区跨境段贯通工程前期工作并适时开工。

来源于《拉萨市国民经济和社会发展第十四个五年规划纲要》

二、二级轴点城市——日喀则

建设以铁路为骨架，以国省干线公路为主脉，以农村公路、边防公路为基础网络，以民用航空为重要节点的立体综合交通运输体系，改善日喀则的交通运输条件。十三五时期，日喀则市交通基础设施显著改善。累计实施各类项目 3704 个，完成固定资产投资 930.74 亿元，基础设施建设突飞猛进。交通出行更加畅通便捷。新增公路通车里程 3896.3 公里、通车总里程达到 1.9 万公里，乡镇和建制村通畅率分别达到 96.6%、84%，一条条农村公路贯穿城乡、通村达户；市区至机场高等级公路建成通车，拉萨至日喀则机场高等级公路快速建设，实现高速公路“零突破”；日喀则机场开通航线达到 5 条，拉日铁路旅客发送量逐年递增，定日梅木机场开工建设，四通八达的团结线、幸福路，搭建起了外联内通的综合运输网。

（一）推动公路建设

继续加大干线公路建设。日喀则十四五规划指出：“建成 G4218 拉萨至日喀则机场高等级公路、G216 线孔唐拉隧道。力争开工建设日喀则至江孜高等级公路，加快推荐日喀则至吉隆高等级公路、江孜至亚东高等级公路、日喀则至阿里高等级公路（G4218 线拉孜至阿里）等项目前期工作。”

深入开展农村公路建设。“十四五”时期，日喀则市将大力推进公路农村公路建设，提高农村公路密度和等级，建制村通硬化率达到 90% 以上。实现普通干线公路广泛覆盖乡镇以及重要景区。

“十四五”时期强化边防公路建设，推进边境地区道路建设和升级改造，实现具备条件的边境村、抵边自然村道通硬化路。加强乡镇客运场站建设，健全乡镇综合运输服务站、乡村便捷站和招呼站。建设综合执法监测站、养护工区、公路交通应急装备物资储备中心。

（二）发展铁路、航空等运输方式

提升铁路运输能力。继续完善铁路基础设施，按照国家铁路建设规划要求，提高铁路网覆盖范围，促进与邻国基础设施的互联互通，支持建设联接阿里、新疆等地的铁路交通干线。加快开展日喀则至吉隆、日喀则至亚东、日喀则至狮泉河等铁路的前期和建设工作。积极争取增加与全国铁路网的车次交流，拓展拉日铁路的运输能力和辐射范围。加强铁路客货运场站与综合保税区的功能衔接。“十四五”时期，日喀则市推动实施拉日铁路电气化改造及外部配套供电工程，加快推进中尼铁路日喀则至吉隆前期工作，力争“十四五”末开工建设，有序推荐新藏铁路和田至佩估措段前期工作。积极推动开通以日喀则为起点的列班车次，建立通往南亚的高效公路联运系统。

完善航空运输体系。完善日喀则和平机场各项配套设施，加强与拉萨、阿里机场的联系，支持国家在后藏地区的战略安全布局，通过连接援藏省（市）、朝觐客流、旅游包机等方式增加航班班次，建成功能复合型机场。推进建设亚东支线机场，开展吉隆、定日等通用机场的前期研究和建设工作。“十四五”时期，日喀则市加强支线机场及通用航空建设，加快建设、运营定日机场，实施日喀则机场改扩建工程。深入开展在自然环境适宜、地理位置重要、人口集聚规模较大的节点城镇、边境地区、重要旅游区等建设支线机场和通用机场前期工作。

表 4-3 “十四五” 时期日喀则市交通基础设施重点项目

公路：建成 G4218 拉萨至日喀则机场高等级公路、G216 线孔唐拉隧道。力争开工建设日喀则至江孜高等级公路，加快推荐日喀则至吉隆高等级公路、江孜至亚东高等级公路、日喀则至阿里高等级公路（G4218 线拉孜至阿里）等项目前期工作。加快实施国省干线公路升级改造，完成国道通行瓶颈路段改造，具备条件的省道实现黑色化。 **铁路：**推动实施拉日铁路电气化改造及外部配套供电工程，加快推进中尼铁路日喀则至吉隆前期工作，力争“十四五”末开工建设，有序推荐新藏铁路和田至佩估措段前期工作。积极推动开通以日喀则为起点的列班车次，建立通往南亚的高效公路联运系统。 **航空：**加强支线机场及通用航空建设，加快建设、运营定日机场，实施日喀则机场改扩建工程。深入开展在自然环境适宜、地理位置重要、人口集聚规模较大的节点城镇、边境地区、重要旅游区等建设支线机场和通用机场前期工作。 **交通枢纽：**建设日喀则客货运枢纽，实现市有普通公路客运站，县城有等级客运站，具备条件的乡镇和行政村有客运站点。建设日喀则物流站点。

来源于日喀则市“十四五”时期国民经济和社会发展规划纲要

三、山南市交通网络构建

完善铁路、国省干线公路网及支线机场建设。围绕拉萨山南一体化发展，加快拉林铁路建设，做好各项建设服务工作。大力加强贡泽高等级公路、拉萨山南快速通道、山南至墨竹工卡等公路建设，开展泽当—八一镇、泽当—错那高等级公路前期工作，提升山南县际公路交通干线等级，畅通泽当镇与藏中南城镇群的交通联系，构建拉萨山南“一小时经济圈”。完善综合交通运输体系。推进综合交通运输体系建设，完善国省干线公路网络，全面提升农村公路的覆盖率和技术等级水平，打造城乡公交一体化，促进各种交通运输方式有机衔接，提升交通运输服务水平和交通信息化水平。

完善铁路、国省干线公路网及支线机场建设。完善骨架农村公路网。建设运输场站。建设超限治理站点。加强公路养护管理。力争实现县道优良率不低于60%，乡、村道优良率不低于50%，农村公路100%安排小修保养。在泽当镇建设一级公路应急装备物资储备中心。成立措美县公路养护站。提升运输服务水平。着力调整运输结构，拓宽运输服务领域，提高运输效率，深化不同运输方式协同衔接，形成多方式的综合交通运输服务体系。继续优化客运网络，在现有客运线路基础上增加客运线路，实现乡乡通客运。加强引导现代物流企业发展，努力形成大型高效的现代化物流企业，带动货运行业发展。推进驾培机构、机动车维修企业发展，加强驾培机构监督管理。大力促进公交快速发展，推行以公交为主导的出行方式。规范发展城市出租车业。山南市十四五规划指出："整合升级省道、县道和路桥资源，形成网络化格局，全面串联人口聚居乡镇节点。实施农牧区路网畅通工程，实现所有乡镇、行政村通硬化路，打通断头路，全面解决自然村通达问题。到2025年，争取实现100%乡镇通客、100%建制村公路通畅。"

表 4–4 "十四五"时期山南市交通建设重点工程

公路： G219康玛县涅如麦乡至隆子县扎日乡至朗县金东公路（喜马拉雅沿边横向通道）、G349墨竹工卡县扎西岗乡至泽当大桥公路、G560琼结至措美至错那公路、S5与G219并行线。
航空： 贡嘎机场改扩建和隆子支线机场建设
铁路： 推进川藏铁路拉林段建设，谋划建设拉林铁路复线工程，做好贡嘎机场至贡嘎火车站支线铁路、泽错铁路前期工作。
运输枢纽： 地（市、县、乡）客（货）运站、车辆停靠点和连接机场、车站的枢纽公路。

来源于山南市"十四五"时期国民经济和社会发展规划纲要

四、昌都市交通网络构建

昌都为国家规划的179个国家公路运输枢纽之一，西藏自治区综合交通运输发展规划将昌都地区定位为藏东交通枢纽，西藏自治区3个次级枢纽之一。强化对外通道建设。大力实施以川藏、滇藏、青藏大通道为重点的立体交通网建设，加快国省道黑色化、昌都市同周边省区的连接道路工程规划建设步伐，提高国省道等级标准，形成连接成渝经济区和藏中经济圈的陆路通道和空中走廊，缩短与周边区域的时空距离。“十三五”时期昌都市累计完成投资950.4亿元，是“十二五”的1.6倍。川藏铁路雅林段开工建设，邦达机场第二跑道建成使用，机场高等级公路昌都至加卡段建成通车，乡镇和村居通畅率分别由2015年的40.5%、12.9%提高到96.8%、75.2%。

完善公路交通网络。努力建设‘一个枢纽（国家一级交通枢纽），两大中心（物流中心和客运集散中心），四条干线（G214、G317、G318、G349），四种方式（公路、铁路、航空、管道）’形成“东接西贯、南进北联、覆盖城乡、联通内外”的综合交通运输体系，的综合交通运输体系。“十四五”时期昌都市将积极推进国省道干线升级改造和建设，加快边坝至嘉黎、觉巴山隧道、金沙江沿江公路等建设。开工建设昌都至邦达高等级公路，推动G4218竹巴笼至林芝（昌都段）、G4217昌都至那曲、G0613玉树至昌都高等级公路前期工作。

推进铁路建设。积极配合设计单位尽快开展川藏铁路康定至昌都、昌都至林芝段的前期工作，并力争早日开工建设。启动滇藏铁路德钦至邦达段、甘藏铁路玉树至昌都段项目前期论证工作。“十四五”时期山南市将推进川藏铁路昌都段建设，推动滇藏铁路昌都段前期工作，谋划实施昌都主城区－昌都新区－吉塘的城际轨道交通。改善空中对外通道。改扩建邦达机场及候机楼。新增航班、航线，逐步开通昌都至林芝、日喀则、西宁、香格里拉、昆明、天津、西安等航线，鼓励和协调各航空公司开辟四省区交界地区市（州）互飞航线。建设芒康通用小型机场，开展昌都新机场选址以及八宿、丁青、江达、边坝、洛隆、类乌齐、贡觉 7 县通用机场的前期工作。“十四五”时期山南市将推进昌都邦达机场航站区改扩建工程，争取规划建设芒康、边坝等支线机场。

完善内部交通网络。升级完善市内县乡联网道路，并强化与国道、省道等对外通道的连接。加快改造升级县际联网道路；积极改善乡镇通行条件；改善旅游交通条件。

表 4–5 “十四五”时期昌都市交通基础设施重点项目

铁路：推进川藏铁路昌都段建设，推动滇藏铁路昌都段前期工作，谋划实施昌都主城区 – 昌都新区 – 吉塘的城际轨道交通。 **公路：**积极推进国省道干线升级改造和建设，加快边坝至嘉黎、觉巴山隧道、金沙江沿江公路等建设。开工建设昌都至邦达高等级公路，推动 G4218 竹巴笼至林芝（昌都段）、G4217 昌都至那曲、G0613 玉树至昌都高等级公路前期工作。 **国道省道：**加快建设 G349 边坝至嘉黎段、G318 竹巴笼至林芝段整治改建工程（觉巴山段）、S201 金沙江沿江公路，开工建设 G318 竹巴笼至林芝重点路段升级改造工程（然乌过境段）、S521 澜沧江沿江公路（曲孜卡至如美）、川藏铁路配套公路工程、G318 西藏段升级改造项目，积极争取 G317 西藏段升级改造、S303 洛隆至波密康玉、S204 洛隆至波密倾多、S302 青海界至丁青布托湖、S503 那曲界至边坝沙丁等开工建设。 **民航：**推进昌都邦达机场航站区改扩建工程，争取规划建设芒康、边坝等支线机场。 **交通枢纽：**新建加卡、农科所 2 个二级客运站，面达、玉龙、盐井、俄洛镇、然乌、邦达、田妥 7 个三级客运站，加卡、丁青、芒康、俄洛桥、边坝、江达 6 个货运站，30 个五级客运站，200 个客运停靠等候点，粮油综合加工厂、噶东街 2 个公交首末站。

来源于昌都市“十四五”时期国民经济和社会发展规划纲要

五、那曲市交通网络构建

那曲是我国面向南亚开放通道上的重要物流基地；西藏开放合作的重要门户。改善与周边地区的交通条件。加强那曲与昌都、日喀则、阿里及青海玉树等周边地（市）之间的道路联接。优化提升交通网络。重点推进公路建设，初步形成由公路、铁路、航空等运输方式构成的现代化综合交通体系，为全面建成小康社会提供畅达的交通保障。 加快城乡道路系统建设。改善与周边地区的交通条件。十三五”期间，那曲市通车里程达到 2.6 万公里，主要实施了 G109 那曲至拉萨高等级公路、G345 查吾山至聂荣、G349 边坝至墨竹工卡公路，乡镇、建制村平均通畅率分别为 100%（含在建）和 67.49%，初步形成以县城为中心、乡镇为节点、建制村为网点的农村公路交通网，“三纵、四横、四通道”的公路交通网框架已基本形成。累计投入 65.63 亿元，重点实施了新一轮农网升级改造工程、“三区三州”深度贫困地区电力建设工程等项目。[①] 此外，市、县、乡、村（行政村）通信信号覆盖率为 100%，县、乡宽带覆盖率为 100%，行政村宽带覆盖率 51.4%，全面开通全市 4G 信号。建设农村信息服务站 502 个，覆盖率达 48%，电子政务外网完成“五级”网络覆盖建设任务，利用邮政与民营快递公司合作等方式，已将快递投递范围覆盖到乡镇及建制村，在村一级设置 1056 个村邮站。[②]

① “十三五”以来那曲市经济社会发展综述：藏北高原奏响幸福新乐章 https://m.thepaper.cn/baijiahao_10634468

② “十三五”以来那曲市经济社会发展综述：藏北高原奏响幸福新乐章 https://m.thepaper.cn/baijiahao_10634468

表 4–6 “十四五”时期那曲市交通基础设施重点项目

铁路：建成那曲 – 昌都铁路，那曲至阿里铁路项目取得积极进展，那曲至拉萨动车开通。 **公路**：那曲至格尔木高速公路贯通，国省道断头路全部打通。 **航空**：那曲机场建成投运。

来源于那曲市“十三五”时期国民经济和社会发展规划纲要

六、林芝市物流网络构建

“十三五”时期，林芝市基础设施建设跃上新的台阶。“十三五”规划的 1247 个项目完成投资 642.9 亿元，经济社会发展瓶颈制约逐步缓解。林拉高等级公路、机场快速通道建成通车。川藏铁路雅安至林芝段顺利开工，拉林铁路完成总工程量的 78.11%。G318 线 102 段滑坡群、通麦至 105 段整治“两桥三隧”全面贯通。公路里程由 5584 公里增加到 6869 公里，乡镇和行政村通达率均达 100%。县（区）、乡镇和行政村通客车率分别达 100%、85%、52%。国内航线由 5 条增加到 8 条，旅客吞吐量突破 50 万人次。全市乡镇移动信号覆盖率 100%，光缆传输覆盖率 100%，行政村网络覆盖率 100%，邮政普遍服务实现全覆盖。

表 4–7 “十四五”时期林芝市交通基础设施重点项目

公路：新建 G219 线竹瓦根至滇藏界段、墨脱至察隅段、米林至墨脱段公路，G4218 线竹巴笼至林芝段公路和川藏铁路配套公路工程；实施 G318 线林芝境内路段升级改造，S203 线察瓦龙乡至碧土乡（昌都界）公路改建工程。实施农村公路建制村通畅项目。 **铁路**：新建川藏铁路林芝至雅安段（林芝段）国铁 I 级双线电气化铁路。 **航空**：在边境县建设应急救援通用机场。

来源于林芝市“十四五”时期国民经济和社会发展规划纲要

七、阿里地区交通网络构建

阿里地区是新疆与西藏连接的重要节点，也是我国连接南亚的重要通道，具有发展边贸、物流，搭建连接丝绸之路经济带和环喜马拉雅经济合作带桥梁的区位优势。坚持整体规划、分步实施、统筹兼顾、重点突出的原则，以公路网络为基础，以干线公路和航空运输为骨架，以农村公路和边防公路为重点，建设通达、通畅、安全的交通运输体系，为巩固边防和经济发展提供支撑。加快实施重点公路交通项目；提升交通运输效率。阿里地区“十三五”期间交通跨越追赶，落实综合交通基础建设总投资273.26亿元，总投资相比“十二五”时期增加161.58亿元，增长率达到144.68%。通车总里程同比“十二五”时期增加10162公里，增长87.38%。实现我地区“县县通油路”的目标，阿里地区以狮泉河镇为中心，以国道219、国道317、国道216、国道564、国道565为骨架的“两横三纵”公路交通网络日趋完善。阿里7个县、37个乡（镇）、141个村（居）全部通公路，公路通畅率分别达到100%、95%、85%，新增油路4971.23公里、砂石路5191.35公里，全地区公路总里程达到21791公里。阿里公路通达深度和等级显著提高、交通运输服务保障能力明显提升、建设管理与工程质量逐步加强、公路养护与服务水平逐年提高，实现了阿里交通运输事业跨越式发展，为阿里地区经济快速发展和社会长治久安提供了强有力支撑。[①]

① 2021年阿里地区交通运输工作会议顺利召开 – 阿里地区交通运输局（al.gov.cn）
https://jtys.al.gov.cn/info/1097/1853.htm

表 4–8 “十四五”时期阿里地区交通基础设施重点项目

公路：高等级公路建设项目：重点建设 G4218 昆莎机场至狮泉河段，加快实施国道 216 改则至新疆民丰新疆公路工程建设。国防公路建设项目：加快推进西藏普兰支线机场连接线建设，中尼斜尔瓦友谊桥等重点项目。普通省道建设项目：消除 S301、S302 等省道断头路，S302 措勤县磁石乡格玛村经加绕村至那曲尼玛乡军仓乡、S302 措勤县措勤镇土龙组到措勤与仲巴交界、S302 革吉县亚热乡至门士 G219 岔路口；S301 改则县玛尔果村至日土县热帮乡扎普村、S517 改则麻米乡克勤村至日喀则与阿里交界，S517 改则县 G317 岔口经麻米乡那木切村至吓夏村；S518 亚热乡至霍尔乡公路改建工程等。农村公路建设项目：8 条建制村通畅改建里程 779.24 公里，17 条抵边自然村公路改建里程 203.621 公里，以及农村公路安保工程、危桥改造项目，自然村通硬化路等建设项目。
航空：普兰支线机场建设工程、在札达、革吉、日土、改则、措勤 5 县动工航空建设；改则、多玛军用新建工程等。
铁路：启动新藏铁路（西藏段）。

来源于阿里地区“十四五”时期国民经济和社会发展规划纲要

第五节　发展对策

一、加快完善综合交通运输体系

加强综合交通运输体系建设顶层设计。完善综合交通运输发展战略、规划和管理体制机制；做好交通运输中长期发展战略研究，进一步加强公路、铁路、民航、邮政等发展规划编制工作；稳步推进综合交通运输体制改革，建立综合交通运输协调管理机制，为综合交通运输发展创造有利条件。

积极构建综合运输大通道。加快建设面向南亚开放的重要通道，全面对接“一带一路”和孟中印缅经济走廊，加快推进以干线铁路、高等级公路和航空为主的青藏、川藏等进出藏综合运输通道建设，建立高效一体的对外综合立体交通走廊；以铁路、公路和支线航空为重点，强化拉萨与林芝、日喀则、昌都、那曲等区域间综合运输通道建设；推进区内口岸机场建设，协调开辟西藏至南亚国家的航线航班，逐步构建西藏国际航线网络。

加大综合客货运输枢纽建设。结合城镇体系发展，优化完善综合交通枢纽布局，有序推进公铁合建综合枢纽建设。贯彻客运“零距离换乘”和货运“无缝衔接”的理念，加快拉萨市现代综合物流园区建设，推进林芝、日喀则、那曲等地区综合客运枢纽和货运枢纽项目建设。加强多种运输方式统一设计、同步建设、协同管理，重点提升集疏运条件，增强枢纽一体化服务功能。

二、加速推进交通基础设施建设

大力推进公路建设。加快国道高等级化，尽快形成互联互通的区内和进出藏大通道。加强县乡公路改造，全面完成县通油路和乡镇、建制村通公路任务。紧密结合扶贫搬迁、易地搬迁和小康示范村建设，加快乡镇、建制村通硬化路建设，推进自然村、寺庙通公路工程。加快国边防公路及边境地区交通基础设施建设进程，构建“多点连接、沿边贯通”的边防公路网络，继续推进枢纽站场建设。

加快推进铁路建设。加快建设川藏铁路西藏段、口岸铁路，提高青藏铁路运输能力并实现电气化，开展新藏铁路、滇藏铁路、玉昌铁路等项目前期工作。积极推进民航设施建设。合理规划区内机场布局，推进支线机场建设，完善区内航线网络，支持增加西藏航空公司运力规模，鼓励航空公司在区内机场建设基地，加快通用航空和应急救援能力建设，发展通用航空事业。完善进出藏航线网络，增加与国内省会城市和重要区域中心城市航线，开通成都至拉萨航空快线，积极拓展面向南亚方向的空中航线和航道。全力推进邮政设施建设。加强城乡邮政基础设施建设，提升乡镇邮政普遍服务能力。

三、全面提高客货运输服务水平

促进各种运输方式有机衔接，发挥组合效益，提升综合运输效率。完善交通运输枢纽布局，优化运输组织方式，发展公路、铁路、航空联运业务。加强地市客货综合枢纽和县城客运站建设，实现乡镇客运全覆盖。加强交通运输监测网络、交通基础信息联网与服务平台建设，提升交通运输调度与应急能力。积极引进新型高原专用客车，提升公共客运服务保障水平。

四、稳步开展科技和信息化建设

加大科技创新力度和成果推广应用。加强与国家级科研机构协作，积极参与交通科研联合攻关，加强科研团队和科研环境建设，推动区域科技创新体系建设；针对西藏独特的地质地貌特点和气候条件，加强多年冻土区高速公路勘察、低温缺氧条件下道路安全设计、大尺度冻土路基变形控制与稳定等技术难题的科研攻关，启动实施国家科技支撑计划项目“高寒高海拔地区高速公路建设技术研究”，鼓励国内外飞机制造企业研制具有高原运行性能的通用飞机，加快邮政软科学研究及物联网科研创新应用；积极推广极端地质条件下高原铁路建设、冻土区路基路面稳定耐久、高寒地区隧道建设、邮件自动分拣设备、移动客户端软件等先进适用科技成果的推广应用。

建立符合西藏特色的技术规范体系。针对西藏特殊的建设条件和交通通行特性，加强地质水文条件、气象信息等基础资料搜集分析，以提高通行能力、服务水平和安全保障为重点，因地制宜、合理制定适合西藏特点的地方技术标准和规范。

推进交通信息化建设。一是夯实信息基础，提升交通运输数据整合能力。加强部门信息资源多元化采集、主题化汇聚和知识化分析，建立行业数据开放共享平台。二是注重资源整合，营造交通运输信息集成环境。构建交通运输信息骨干网，加快对接全国高速公路信息通信干线传输网络。形成统一集约、安全绿色、稳定畅通的信息化集成应用环境。三是助力行政改革，推进交通运输在线系统管理。大力推进交通运输在线许可、在线办事，实施一站式服务；推进行政办事数字化，为行政管理和信用管理的高效便捷提供服务。四是强化互联互通，推进综合交通联网智能运行。积极推动公路与民航、铁路、邮政等部门间安全与应急信息资源的开放共享，建成综合交通运行协调与应急指挥系统；着力在具备条件的地区推进旅客运输“一票到家”、货物运输“一单到底”、公共信息“一站解决”、服务监督“一号畅通”的电子信息互联互通的新格局。

五、显著增强安全应急保障能力

重点推进公路安全生命防护工程建设。全面排查治理现有公路安全隐患，强化桥梁、隧道、山区公路等重点设施的安全风险排查，建立安全风险评价和分级管理机制；加强对临水临崖、坡陡弯急等重点路段治理，实施公路危桥改造、安保工程和灾害防治等防护工程，全面改造完善干线公路安全防护设施，逐步消除公路安全运行隐患，提升设施整体安全防护水平。结合国省道和县乡公路新改建工程，同步完善安全防护设施，严格落实安全生产“三同时”制度；鼓励采用标准化结构、标准化施工，严格执行基本建设程序，进一步健全公路工程交工验收制度。

提高交通安全综合治理水平。加强铁路旅客和行李安检查危和治安管理，坚持物防、技防、人防相结合，加快构筑安全防范体系和保障体系。在急弯陡坡、临水临崖等重点路段进一步完善交通管理设施，加强车辆超限超载情况监测；加强车辆生产、销售、登记、检验、营运准入等环节监管；严格审核驾驶员从业资格和货运安全生产管理制度，落实运输企业安全生产主体责任；强化企业对车辆、驾驶员的管理，完善市场退出机制；从严把好危险货物运输市场准入，推进危险货物专业化运输。杜绝特大运输航空事故，杜绝空防安全责任事故，防止重大航空地面事故和特大航空维护事故。健全和完善空管、空防和航空地面安全体系，优化空管运行模式，创新安全监管手段，深化空防安全工作，推进平行航路和 ADS-B/VHF 双重覆盖为主的安全保障设施设备建设和改造工作。

加强应急保障队伍和应急物资储备能力建设。加快建设铁路现代化应急救援基地，增强应急救援保障能力，实现对大风、雨雪、地震、异物侵入、地面沉降等各种灾害的全面检测。建立拉萨、昌都等地（市）级公路交通应急装备物资储备中心；建立墨脱、聂拉木等县级公路交通应急装备物资储备库。完善航空突发事件应急机制，加强机场应急队伍和设施设备建设力度。

六、坚持发展绿色低碳交通运输

强化节能减排。树立全寿命周期成本理念，将节约能源、资源理念贯彻到交通基础设施规划、设计、施工、运营和管理全过程，大力推广应用节能减排装备、材料及施工工艺；完善交通运输节能减排标准、制度体系，强化市场监管，做好节能减排监测和评估工作；鼓励混合动力、纯电动和天然气动力车等节能与新能源车辆推广应用；引导公众选择低碳交通方式，增强公共交通吸引力；建立健全交通运输碳排放管理体系，加快制定节能减排标准规范。

加强资源集约利用和生态环境保护。加强综合交通枢纽用地综合立体开发，集约节约利用交通通道线位资源；积极探索资源回收和废弃物综合利用有效途径；完善环保监管体系，严格执行交通规划和建设项目环境影响评价、环境保护“三同时”制度、建设项目水土保持方案编制制度；加强交通基础设施建设、养护和运营过程中的污染物处理和噪声防治。

七、大力推行交通运输行业改革

深化交通行政管理体制改革。以行政审批制度改革为重点，加快转变政府职能，优化行政审批程序，减少行政审批事项，建立健全行政审批公开制度，推行行政审批网上办理，加强事中事后监管，逐步推行和研究制定权利清单、责任清单、负面清单制度；整合交通运输行业政府管理职能，按照同一件事情由一个部门负责的原则，理顺相关部门职责，实现机构设置由分散向集中转变；积极争取铁路、航空领域的区级事权，推进交通运输大部门制管理体制改革；依托县级交通运输部门承担有关邮政监管工作，完善市以下邮政监管组织保障，设立邮政业安全中心。

深化交通投融资体制改革。解放思想、改革创新，成立西藏交通建设投资有限公司，搭建交通发展资金滚动平台，通过投融资主体进行资本运作，以存量换增量、时间换空间、规模换投资的方式，充分发挥市场作用，盘活高等级公路资源，变资产为资本。支持民营资本以合资、合作、收费公路权益转让、授权等方式，参与投资高等级公路建设、养护和运营。用好、用活、用足中央对西藏的特殊金融优惠政策，积极争取银行贷款、援藏支持和企业垫资等方式，开展交通基础设施建设。

深化公路建设和养护管理体制改革。落实项目法人责任制、改革工程监理制、完善招标投标制、强化合同管理制，积极探索政府和社会资本合作（PPP）模式等新的融资模式下的其他有效建设管理模式，推行项目代建制和设计施工总承包等模式，创新运输场站和物流枢纽建设管理模式，提升公路建设发展理念和管理水平，建立健全统一开放的公路建设市场体系；按照“管养分离、事企分开”的原则，深化公路养护体制机制改革，加大养护资金投入，提高养护专业化水平，全面推行预防性养护，提高公路养护质量和效率。

深化交通运输行政执法体制改革。理清职责界限和执法边界，整合执法主体，相对集中执法权，创新执法模式，按照决策权、执行权、监督权相对分开又相互制约的原则，进一步推进交通运输综合执法，从体制机制上解决多头执法、职责交叉、重复处罚、执法扰民等问题；完善执法程序，规范自由裁量权，做到严格规范、公正文明执法；加强基层执法队伍职业化建设、基层执法站所标准化建设和执法管理规范化建设。

第五章　西藏商贸物流行业

第一节　发展形势

整体来讲，由于历史、交通以及社会经济发展的制约，西藏商贸物流产业相较于全国来讲还发展空间很大。商贸物流是商品经济的产物，为经济运行提供物质运动基础，其作用在于为商贸业的商品生产和商品交换服务解决使用价值让渡问题。商贸业在现代市场经济活动中尤为重要，致使商贸物流在整个物流系统中也举足轻重，影响着社会经济发展及运行。西藏应加快发展商贸物流业，通过技术与基础设施的完善，降低物流成本，提高流通效率，从而引导生产，扩大消费，刺激市场经济多元发展。它对地区经济起到的作用具体在以下几方面：

第一，商贸物流的发展有助于维系城市商贸活动的有序开展，从而进一步完善商贸活动，解决不同城市消费者与生产者之间的分离。不断完善的商贸物流水平与类型对于促进各项商贸活动的完善具有积极作用，现代化的商贸物流能反向促进商贸企业的革新，满足现代社会的多元化的具体需求。市场经济条件下消费对工农业生产、加工的影响越来越大。商贸物流是一种关联产业多、覆盖范围广、经济拉动性强的组织活动形式。甚至可以说，它的产业发展决定了各服务主体的经济水平及市场经济的发展水平。商贸物流产业既是推动城市经济快速稳定发展的核心动力，又是促进商贸各企业集群化的关键要素。

第二，商贸物流的专业化分工可以降低各个企业的运营成本，缩减流通费用。随着时代的进步，大多数商贸物流都可以有效降低商贸企业的运营成本并致力于缩减流通费用，进而扩大企业的经济效益增长空间，业通过加大在现代物流运行管理系统建设方面的投入，增强市场竞争力，规避运营风险。

第三，商贸物流还能够优化城市内部产业结构。工业的发展使部分城市存在严重的产业结构配置失衡问题，甚至是阻碍了城市的生态文明，以环境的破坏为代价。相较而言，服务业所占用和消耗的资源较少，对于西藏这第一、第三产业为主的省份尤其重要，西藏的商贸物流产业要积极响应国家的可持续发展、天然生态屏障的理念，增大绿色产业比例。

第四，商贸物流可以盘活市场，弥补资源短缺，促进区域经济发展。由于商贸物流产业商贸物流具有生产和需求的双向协调作用，具有明显的衔接和协调优势，能够处理生产和需求之间的关系，所以商贸物流产业的良性发展能够盘活城市的整体经济。具体来说，西藏的商贸物流可以进一步扩大商贸市场，吸收外部资源，引入全国各地的商品，加快商品流通，刺激大众消费，为区域经济发展奠定坚实基础。

2022 年，西藏政府工作报告明确指出要聚焦“四个创建”全面做好各项工作，努力推动高原经济高质量发展，抓根基支柱，培育壮大高原特色产业并加快发展边贸物流产业，构建城乡商贸流通一体化网络。总体来说，“十四五”时期，西藏无论是从基础设施、经济基础抑或是竞争条件都为商贸物流的创造了大好的发展机会。

一、基础设施

民主改革前，由于雪域高原农牧兼营，经济类型多样，各地经济差异较大，不同生产方式下的商品交换频繁。然而这些交易受到封建农奴制制约，民间贸易也多以物易物的方式进行。民主改革后，迅速改变了西藏的社会面貌和生活条件，1960 年，土改基本完成后西藏的粮食总产比 1959 年，增长 12.6%，比土改前的 1958 年，增长 17.5%。1960 年，纳金水电站建成发电，拉萨普通市民首次用上了电灯。1959 年至 1960 年两年内，90% 的县通了公路，公路全长达到 1.25 万多公里。[①] 据统计，1959 年至 2008 年，中央财政向西藏的财政转移支付累计达到 2019 多亿元，年均增长近 12%。其中，2001 年至 2008 年，累计达 1541 多亿元。1994 年以来，中央先后安排 60 多个中央国家机关、全国 18 个省市和 17 个中央企业对口支援西藏经济建设，在中央的关怀和全国的支援下，西藏经济社会发展突飞猛进。

如今，西藏的基础设施持续改善，以公路建设为重点，航空、铁路、管道运输协调发展，形成了以拉萨为中心的四通八达的交通运输网络。2008 年，西藏基本实现了县县通公路，公路通车里程达到 5.13 万公里，比 1959 年的 0.73 万公里增加 4.4 万公里；客运量比 1959 年增加近 107 倍；货运量比 1959 年增加 11 倍以上。[②] 十三五”期间，西藏公路通车里程 11.7 万公里，较“十二五”末增长 50%。高等级公路通车里程 688 公里，是“十二五”末的 18 倍。拉萨至林芝、贡嘎机场至泽当、日喀则机场高等级公路通车运行，那曲至拉萨、拉萨至日喀则机场、拉萨至泽当高等级公路加速推进。铁路运营里程达 954 公里，比“十二五”末增加 253 公里。青藏铁路格拉段扩能改造工程建成投运，日喀则至吉隆、滇藏、新藏和青藏铁路电气化改造前期工作加快推进。[③]

2021 年，公路通车总里程 12 万公里，乡村公路通达率达 99.96% 以上。川藏铁路全线开工，青藏铁路格拉段完成扩能改造，“复兴号”开入西藏，开启西藏高铁新时代。西藏新增贡嘎机场 T3 航站楼，2021 年度投运航线

① 中华人民共和国国务院新闻办公室：西藏民主改革五十年 http://www.gov.cn/zwgk/2009-03/02/content_1248131.htm，2009-03-02

② 中华人民共和国国务院新闻办公室：西藏民主改革五十年 http://www.gov.cn/zwgk/2009-03/02/content_1248131.htm，2009-03-02

③ 西藏交通“十四五”将开启高铁新时代 https://www.tibet3.com/news/tbgzh/2021-01-21/202383.html

19 条。通信业方面，光缆线路已建设近 28 万公里，5G 基站新建了 3083 个，基本已达到县县通光缆、乡乡通电话。商业环境方面“一网三平台”建成运营，五省“跨省通办”上线运行。纾困解难减税降费 41 亿元。各类市场主体超过 40 万户。招商引资到位资金 500 亿元。边贸物流产业健康推进。城乡流通体系逐步完善，自治区级公共物流仓储配送中心和西南首个高智能地狼仓相继建成并投入使用。货物贸易进出口总额约 37 亿元，同比增长超过 70%。[①] 西藏构建系统完备、高效实用、智能绿色、安全可靠的现代化基础设施体系的世代已经来临，为商贸物流的发展奠定了有利的硬件基础。

二、经济基础

2021 年，建党 100 周年、西藏和平解放 70 周年，习近平总书记亲临西藏视察指导，把西藏工作的战略地位提升到前所未有的高度。西藏乘势抢抓推进“一带一路”“面向南亚开放重要通道”“西部大开发”三大国家战略与“孟中缅经济走廊”“环喜马拉雅国际经济合作带”“吉隆边境经济合作区”三大区域经济战略的实施的机遇，加快推进西藏服务融入全国发展整体格局。“十三五”时期，西藏经济持续健康发展，2020 年，地区生产总值突破 1800 亿元、人均地区生产总值超过 50000 元，分别比 2015 年增长 52.6%、40%；七大特色优势产业加快发展，产业结构不断调整优化，科技支撑能力不断增强。人民生活水平全面提高，2020 年，城乡居民人均可支配收入预计达到 40777 元、14583 元，分别是 2015 年的 1.6 倍、1.8 倍。[②]

---

① 西藏自治区 2021 年，国民经济和社会发展计划执行情况与 2022 年，国民经济和社会发展计划草案报告。http://www.vtibet.cn/xydmh/xw/wltx/qt_12003/202201/t20220115_1213061.html

② 学习干货来了！西藏“十四五”规划和二〇三五年远景目标的建议全文公布！
http://xzrbh5c.peopletech.cn/h5/#/detail/normal/134253

2021年，西藏经济继续保持稳中有进、稳中向好的良好态势，整体实现了十四五”良好开局。新冠疫情零输入、零感染，生产稳定有序，经济持续增长。地区生产总值突破2000亿元，增长7%左右。规模以上工业增加值增长11%以上，社会消费品零售总额增长10%左右。城乡居民人均可支配收入增长13%和14%，位居西部地区前列。改革开放纵深推进。“一网三平台”建成运营，五省“跨省通办”上线运行。纾困解难减税降费41亿元。各类市场主体超过40万户。招商引资到位资金500亿元。对尼援助有力落实。成功举办“环喜马拉雅”国际合作论坛生态环境保护专题研讨会，在外交部全球推介活动上展现西藏新形象。[①] 这些都为西藏商贸物流的发展提供了重要的物质支撑。

2022年，西藏预期发展目标为地区生产总值增长8%左右，城乡居民人均可支配收入增长8%和10%以上，城镇调查失业率控制在5%以内，居民消费价格涨幅控制在3%以内，能耗、碳排放强度和污染减排指标控制在国家核定范围内。加快发展边贸物流产业。建设2个以上冷链物流集散中心，构建城乡商贸流通一体化网络。推进边民互市贸易区、边贸市场和边贸点建设，实施边民互市进口商品落地加工，实现边境贸易和进出口贸易双增长。[②] 这些都为西藏商贸物流的发展提供了重要的行动指南。

三、竞争条件

随着现代市场经济发展与城市基础设施水平的不断提高，第三产业在国民经济中所占比重不断上升，商贸物流业发展的竞争环境也在不断改善。

---

① 西藏自治区2021年，国民经济和社会发展计划执行情况与2022年，国民经济和社会发展计划草案报告。http://www.vtibet.cn/xydmh/xw/wltx/qt_12003/202201/t20220115_1213061.html

② 2022年，西藏自治区政府工作报告 _ 西藏自治区人民政府。http://www.xizang.gov.cn/zwgk/xxfb/zfgzbg/202201/t20220125_281389.html

商贸物流产业能够直观地反映一个地区经济发展程度和社会繁荣程度，一方面促进了社会分工的深化，同时又是社会分工的重要保障。经济生产的专业化与协作需要商贸物流提供保障。结合起来，为社会化大生产的顺利进行提供了发达的物质循环体系的支持。另一方面商贸物流使各生产部门可以专门从事专业化生产，使得商贸部门对消费者复杂多变的个性化要求，进一步完善商品的使用价值，达到社会分工的合理深化。

从分工的角度看，商贸物流对提高企业的经济效益着重要意义。现代市场经济条件下，企业竞争已由节约原材料、提高劳动生产率逐步转向建立高效的物流系统的“第三利润源泉”。现代快节奏的生活已经不再是“酒香不怕巷子深”，而是商贸物流所及之处才能实现“酒香不怕巷子深”。尤其对于我国市场经济发展较为缓慢的中西部地区来说，农牧业为主要的产业却很难集约化与建立品牌，其中很重要的一点就在于好的商品无人知晓或者很难走出本省。商贸物流的完善有利于当地企业与外界市场建立良好的合作关系，扩大市场份额与客户群体。自然资源、交通状况、物流基础设施、各地人均收入水平、人口密集度均与商贸物流产业的发展息息相关，这些问题均导致商贸物流竞争力水平高低不同。

现阶段，大数据、物联网等新一代信息技术的快速普及应用，促进物流资源的高效整合，为商贸物流转型升级和创新发展创造条件。西藏地域宽广，西藏处于第三梯队，与青海、甘肃、新疆等同属于商贸物流竞争力较低的区域。各地市的道路交通状况差异较大，很多生产企业难以高质量地承担产品的物流和售后工作。西藏的商贸物流依然属于粗放型的发展阶段，为实现高质量的发展，需要商贸物流提高竞争力，从各方面满足社会要求。要提高西藏商贸物流的竞争力，从根本上说必须夯实贸易发展的产业基础。支持引进、培育一批立足西藏实际、突出西藏特色、出口潜力较大的农畜产品生产加工、藏药、民族手工业等特色优势产业和实力企业。支持打造品牌产品，推进企业标准化生产和产业化经营，促进产业加快转型升级，提升价值链，增加有效供给。加强企业和产品质量管理，积极采用先进技术和标准，提高产品质量和档次。加强商标、专利等知识产权保护和打击假冒伪劣工作。加大品牌宣传推广，不断提高品牌知名度和市场占有率。

西藏作为“一带一路”的重要组成部分，“十三五”时期，西藏结合自身的优势，加快开放通道建设，不断提高对内地的开放水平，让传统优势农牧业产品能够更加快捷地进入内地消费市场；大力发展开放型经济，并加快推进简政放权，不断优化发展软环境，全面改善投资环境，大力发展非公有制经济，推动商业、贸易、物流服务等现代第三产业的发展，鼓励更多的投资者到西藏进行投资建设。“十三五”时期，扎实推进“一次办到底”改革和审批服务便民化，“互联网+政务服务”超额完成“9070”目标。招商引资到位资金2535亿元、是“十二五”的2.4倍，西藏市场主体达到36.3万户、是2015年的2.3倍。吉隆重点开发开放试验区申报工作加快推进，樟木口岸恢复货运功能，拉萨综合保税区建设进展顺利。对口援藏工作不断深化，累计实施援藏项目近2000个，落实援藏资金224亿元，央企助力富民兴藏和脱贫攻坚落实投资1047亿元。①2021年1月，西藏公共物流仓储配送中心正式开仓，将助力开创具有西藏高原特色的电子商务发展道路。②

2022年，西藏将大力优化营商环境、深化重点领域改革、持续扩大对内对外开放，不断提高商贸物流的竞争力，实现高质量发展。优化营商环境方面，坚持把发展经济的着力点放在实体经济上，深化“放管服”改革，深入推进“政务服务一网通办”“互联网+”模式，扩大“证照分离”改革和个体工商户“智能审批”改革覆盖面。开展“招商引资百日攻坚”活动，实现招引规模和效益双提升。

---

① 学习干货来了！西藏“十四五”规划和二〇三五年远景目标的建议全文公布！http://xzrbh5c.peopletech.cn/h5/#/detail/normal/134253

② 西藏公共物流仓储配送中心正式开仓 https://www.ndrc.gov.cn/fggz/dqjj/sdbk/202101/t20210119_1265255.htmltps://www.ndrc.gov.cn/fggz/dqjj/sdbk/202101/t20210119_1265255.html

重点领域改革方面，完成国企改革三年行动任务，优化国有资本结构和布局，确保总体营业收入、利润总额均增长10%。支持非公有制经济发展，深化供销合作社、农村承包地“三权分置”改革。扩大对内对外开放方面，加大“地球第三极”区域公共品牌推广力度。集中力量打造一批产业园区，加快拉萨综合保税区、吉隆重点开发开放试验区和边境经济合作区建设，提升拉萨航空口岸和樟木口岸货物通道功能。深化与尼泊尔等周边国家睦邻友好。办出一届务实开放、合作共赢的“藏博会”。

第二节　发展进程

一、起步时期：西藏和平解放前

由于雪域高原农牧兼营，经济类型多样，各地经济差异较大，不同生产方式下的商品交换频繁。在西藏民主改革前，贸易主要是在以寺院为中心的城镇进行，每年有多场定期的大型贸易集会，如强巴林商会、白居寺集市等。西藏内部贸易常常以物易物，如用藏北牧区的盐巴换取农区的青稞，被称为“盐粮交换”。藏北牧区天然盐湖中，食盐储量大，通过组织牧奴取盐可以换取农区的粮食。藏北牧区各产盐点因地理位置不同，进行交换的路线各异。东部的聂荣、比如等地向东南方向进入昌都；安多、那曲、当雄地区经过羊八井、堆龙地区进入南部，或经过墨竹工卡销往工布、林芝等地；噶尔、革吉牧民前往普兰、日土、拉达克地区；也有直接贩入拉萨、堆龙德庆、尼木至山南农区；申扎、班戈等地的牧民进入后藏日喀则、江孜，将食盐销往尼泊尔等国。[①]

清代藏族茶土贸易兴起于茶马贸易的逐渐衰落。清代，更加重视民族

① 郝时远主编：《民族研究文汇》（社会文化篇），北京：社会科学文化出版社，2009年。

间日益密切的商品交换，强调互市，提倡公平贸易并减轻商税，不仅免去西藏商人商税银，还在打箭炉开放互市，派专人监督贸易。商品经济的发展要求种类增加，清代各民族间贸易产品多样，不再单独以茶为大宗商品换马。“清代，官营茶马贸易被品种更为繁多、贸易形式更为灵活、流通区域更为广泛的民族间贸易取代。”[①]各民族的特色产业与产品逐渐形成比较优势，贸易商品出现多样性，藏族商人购买“布匹、绸缎、绫锦等项，将羊绒、氆氇、藏香、藏布、皮毛、贝母、虫草、鹿茸等输入内地。

“锅庄”是康区特有的一种经营组织，它集旅店、货栈、商贸中介机构等多种功能于一身，但凡外地客商来康定等康区经营就必与锅庄发生联系。康区锅庄业历史悠久，自元代起设，至民国时已有五、六百年的历史。客商免费入住及存放货物，房东为中间商介绍买卖并拿提成。根据任汉光先生民国二十五年（1936 年）的调查，清末民初康定共有云南庄客五、六十家，行商约二十家，而现庄号行商共只不过七八家。[②]

明末清初，滇西北藏区格鲁派和噶玛噶举派间的宗教战争和吴三桂的叛乱，使得战火一度烧断了滇藏间传统的商贸链环。雍正初年丽江和中甸相继实行改土设流，两地逐渐成为滇藏商贸交流的重要中转站。乾隆初年，丽江已是商人云集，贸易畅通，进出康藏货物荟萃于此。滇商带来的货物主要有茶叶、粮食、红糖、火腿、铜器和铁器等，藏商带来的货物主要是羊毛、牛马羊、兽皮，药材和毛织品。

西藏的噶厦政府专门设立了商业机构拉恰勒空（财政局）及孜恰勒空（财库），派出色本（金官）和雄冲（官商）带领差民用氆氇和茶叶换取拉达克、克什米尔等地的棉布、红糖、木碗；在错那、定日等地设立“哲朱”机构，从事盐、米、木材贸易，甚至派遣官商前往印度及尼泊尔采购

---

① 王晓燕：《官营茶马贸易研究》，北京：民族出版社，2004 年。

② 周智生：云南商人与近代滇藏商贸交流，西南边疆。
https://mp.weixin.qq.com/s/fJf8JUpu_ZYuSJWHU2RolA，2017-08-16

商品。[①]藏族商人也深入新疆地区进行交换活动，“叶尔羌乃回疆大驿邑……土伯特商贾云集往返，行旅众多，现在居民夹杂。”[②]在打箭炉，蕃商带来羊毛、兽皮、麝香、红花、鹿茸、虫草、贝母、氆氇、硼砂等与砖茶、衣物、烟草等进行贸易。

商贸和物流最早的结合体现在驿站上，清代驿站分类更为细致，有驿、站、台、铺、腰站、宿站等。[③]相比前代，驿站、台站及道路数量增加，站间距缩短，每站置驼畜数十匹，不少鸟道成为通衢大道。进入卫藏可以通过川藏、青藏与滇藏三条驿道，云南中甸进入卫藏的道路险峻，因军事需要进入卫藏大多从四川、青海道进入。川藏道与青藏道相比，自明代起，川藏道的地位愈加明显。

南亚各国与西藏的贸易自清代起更为频繁。尼泊尔因地缘优势与西藏贸易有着悠久的历史，边境线上出现了普兰、吉隆、里孜、聂拉木等口岸，形成了重要的商品集散地。拉萨尼瓦尔人指从加德满都到西藏经营生意的尼瓦尔人，他们主要从事由孟加拉至西藏的贸易。拉萨尼瓦尔人主要居住在拉萨、日喀则、江孜、普兰。他们担任了南亚和中亚之间的经济和文化交流的桥梁。“西藏输出的产品有盐、药材、氆氇，尼泊尔主要输入布匹、粮食、蜜蜡、珠宝、珊瑚、蔗糖及水果等。”[④]西藏的大部分贸易活动包括铜和黄铜日用品，例如寺院中使用的银和青铜酥油灯。对印度人织锦，黄金，羊毛材料，棉纺织品，手表，烟草，火柴和毡帽的需求也很高。在回程中，他们会带回牛毛，银条，金粉，藏茶，地毯，唐卡，丝绸，瓷器。金粉用于绘画雕像，祭坛和唐卡。[⑤]乾隆五十七年（1792），《卫藏通志》记载居

---

① 喜饶尼玛、王维强：《藏族通史》（清代卷下），北京：中国藏学出版社，2016 年。

② 《清实录藏族史料》（第三集），拉萨：西藏人民出版社，1982 年。

③ 西藏社会科学院等：《元代以来西藏地方与中央政府关系档案史料汇编》（3），北京：中国藏学出版社，1994 年。

④ 喜饶尼玛、王维强：《藏族通史》（清代卷下），北京：中国藏学出版社，2016 年。

⑤ 拉萨尼瓦尔人记忆中的百年西藏商贸往来 https://mp.weixin.qq.com/s/Uw1JYi2tSi1aRy7gS5iLLw

住在拉萨的外国商人中，尼泊尔人最多，其次是克什米尔商人。[①]清代西藏输往南亚各地的商品以畜牧产品为主，包括畜皮、羊毛、氆氇、肉类，输入的为香料、红糖、布匹及其他日用品。[②]

西藏的商贸在清代发展并走向成熟，一直到西藏民主改革前西藏漫长的封建农奴制条件下商贸物流产业发展极为缓慢。在民主改革前，西藏商贸物流业处于原始阶段。

二、上升时期：西藏和平解放后至2015年

这个时期以改革开放为分界点，改革开放之前，我国物流行业正处于摸索起步阶段，仍以传统的物流模式为主；在改革开放后，国家大力支持下物流网络系统和管理系统初步形成，整个商贸物流行业初具规模。同时，部分民营与合资物流企业快速兴起。从计划经济转向市场经济的进程中，西藏商贸物流随市场结构调整快速发展。

20世纪50年代初，西藏没有现代意义上的工业，商贸物流也几近停滞与倒退。周恩来总理指示说“一个民族没有工业，不可能富裕起来”。随后，国家为建立西藏现代工业进行扶持和援助西藏工委工业交通部成立。新建了拉萨电厂、地毯厂、建筑工程处等归于工业交通部管理。率先发展为农牧业服务的电力工业、采矿业、机械加工业以及农具等工业。西藏的机械工业、民族手工业、电力工业、建材工业、民族手工业应运而生。

改革开放后西藏商贸物流产业发展迅速。在1978年初西藏生产总值（GDP）仅为6.65亿元，至2017年底西藏GDP已达1310.6亿元，增长了近200倍。1980年3月14日至15日，中共中央书记处召开了第一次西藏

① 《西藏研究》编辑部：《西藏志·卫藏通志》，拉萨：西藏人民出版社，1982年。

② 狄方耀：《西藏经济导论》，拉萨：西藏人民出版社，2002年。

工作座谈会，确定了以“落实”“调整”和“减免放”的休养生息政策。其中涉及商贸物流业的主要内容集中在第三、第四条：“发展交通运输业、发展商业、民族贸易和对外贸易”。

1984年2月27日至3月28日，中共中央书记处召开了第二次西藏工作座谈会，其中谈到“商业要搞活，流通渠道要畅通”，并且大力发展交通运输业。1980年后，国家成立外汇管理局西藏分局、中国银行拉萨分行等金融机构，充分发挥银行在国民经济中的调节作用，完善西藏金融体系，适应西藏经济发展水平。1980年后，在农牧区国营商业实行惠民政策。1985年后，充分发挥国营商业渠道作用，积极发展集体商业和个体商业，加强基层供销社建设。1992年十四大后，改变商品计划的管理模式，缩减指令性计划，商业体制进入深层次的改革，首先建立完善批发网络；其次改革国企的经营模式和管理制度；最后改革物价管理体制，针对不同的商品分别有政府物价部门、企业和市场制定。国有商业体制的改革标志着市场经济的流通体制完全代替计划经济商业体制。

1993年4月，西藏自治区政府发出1993年经济体制改革工作要点。指出其主要任务是全面贯彻落实《全民所有制工业企业转换经济机制条例》和《西藏自治区全民所有制工业企业转换经营机制实施办法》，同年11月自治区政府发出《关于加快个体、私营经济发展的若干规定》。市场经济体制的开始构建和逐步健全，使西藏的社会经济发展充满了新的活力。

1994年，第三次中央西藏工作座谈会之后，西藏经济发展迅速，“成为西藏经济发展最快、人民生活水平提高最快的七年，成为各项事业蓬勃发展、城乡面貌显著改变的七年”。1994年6月，自治区人民政府作出《关于进一步扩大开放加强经济技术联合的若干规定》，制定了吸引国内外客商来藏投资的各项优惠政策，以促进西藏经济、社会持续、快速、健康发展。经过一系列措施的实施，以及内外结合的努力使得西藏经济出现前所未有的快速发展。1997年，第三产业产值比重首次超越第一产业；西藏实施“适度工业化”战略后，第二产业发展势头迅猛，到2002年，首次超过第一产业，使得产业结构呈现“三、二、一”倒挂结构，现代产业结构的特征开始显现。

随着2001年、2010年、2015年，第四、五、六次中央西藏工作座谈会，提出西藏经济从加快发展到推动跨越式发展，基础设施条件明显改善。随着青藏铁路全线通车、林芝机场投入运营，612个乡通公路，所有乡镇通电话，70%以上的乡镇实现通邮，形成商贸物流产业发展的基础设施保障。2007年，西藏全社会固定资产投资额271.18亿元，比1978年的1.85亿元增加269.33亿元；这一年，仅从公路通车里程来看，西藏达到5.38余万公里，比1978的1.59万公里增加3.79万公里。[①]到2009年，投资额已达到379.4亿元，年均增幅达到21.3%。[②]“十二五”时期，国家及自治区加大对西藏交通的投资力度，基础设施建设投资成倍增长。“十二五”时期，西藏西藏累计完成综合交通基础设施建设投资847亿元，其中公路完成投资679.4亿元，铁路完成投资160.4亿元，民航完成投资7.2亿元。西藏基础设施建设规模逐年加大、建设步伐不断加快，使得当地基础设施条件有了明显改善，这也为西藏未来经济社会的快速发展提供了有力保障。

三、发展时期：2016年至目前

西藏商贸物流发展自2016年至目前，西藏以“服务本市，集散西藏，辐射南亚”为目标，以地市综合物流园区为依托，以“电子商务进农村综合示范县”为抓手，以“商贸流通综合试点”为突破口，深入推进商贸物

① 西藏自治区统计局：西藏自治区2007年国民经济和社会发展统计公报 http://www.tjcn.org/tjgb/26xz/3056.html，2010-01-19

② 西藏自治区人民政府：2010年西藏自治区政府工作报告 http://www.xizang.gov.cn/zwgk/xxfb/zfgzbg/201902/t20190223_62063.html，2010-02-10

流业发展，初步形成了以地市物流网络为枢纽，县城为中心并辐射乡村，以民营小型流通企业和个体零售商贩为市场主体，以零售店、小超市、连锁店等业态为主要形式，以农产品批发市场、县级农贸市场和农牧区物交会为平台，以电子商务等新业态为辅助，以商品零售为主兼顾农畜产品销售的“自治区级—片区级—地区级”和县乡镇级商贸物流配送网络体系。[①]整个商贸物流业总额以及人均生产总量均呈现出明显的增长趋势，商贸物流的专业化与社会化水平不断提升，而且原有企业通过外部化的合约方式，降低了物流成本，由此扩大企业的市场竞争优势，促进企业的稳步前行，社会资源整合逐步趋向网络化、集成化与模式化。

“十三五”时期，西藏商贸物流体系顶层设计的步伐不断加快，相继出台商贸物流相关方案。《西藏自治区人民政府办公厅关于推进电子商务与快递物流协同发展的实施意见》《2018 年西藏自治区内贸流通体制改革工作方案》《西藏自治区关于推动商贸物流业发展实施意见》等文件，2019 年，制定了《西藏自治区关于推动物流高质量发展促进形成强大国内市场的实施意见》，2020 年，出台了《西藏自治区农村客运补贴实施细则》并提出了支持利用农村客运车辆和县、乡（镇）客运站（场），加快推进农村物流、农村邮政一体化整合发展。这些文件的出台为加快西藏物流业发展、指导电商物流发展，降低物流成本提供了有效的政策支持，针对农牧区交通不便，物流滞后等问题，示范建设县级电子商务物流分拨中心、乡镇为民综合服务站和村级服务点，整合利用快递、邮政、供销等流通网络资源，破解农牧区流通“最初一公里”和“最后一公里”物流瓶颈。

2016 年 6 月 16 日，由西藏自治区商务厅指导，西藏阿云电子商务有限公司筹办的西藏自治区电子商务与商贸物流协会正式成立。电子商务与

① 西藏现代物流产业发展综述：百舸争流千帆竞 https://www.sohu.com/a/357981700_266317

商贸物流协会的成立与发展，揭开了西藏商贸物流业的篇章，是实现经济社会健康快速发展、拉动内需、服务民生的内在需要，将西藏特色商品走出去，外省优质商品引进来，整合渠道资源，共同促进西藏经济转型，服务西藏经济社会发展大局。

进一步发展西藏特色电商经济，将电子商务与现代物流的融合变革，是西藏商贸物流发展的重点和难点。西藏拉萨、昌都、阿里等地分别开展商贸物流行业新探索。阿里大力推进商贸流通产业发展，引进快递公司2家，发展货物托运部9家；地区物流中心建设项目资金整合方案已上报待批；完成巴嘎、霍尔、多玛三乡商贸中心项目建设，2015年，开工建设盐湖、物玛商贸中心项目，全地区牧区商贸流通体系将进一步完善。[①]

2016年，昌都市积极推进内贸流通体制改革，大力建设覆盖全市、延伸区外的贸易网络，力争为全市经济发展铺开“营养”输送的“毛细血管”。昌都市商务部门积极制定部门权责清单，全面做好物流业务管理服务，为经济开发区商贸物流园和如意、俄洛商贸物流中心项目建设提供帮助。[②]

2017年，初建成的拉萨综合物流园区以铁路运输为主、公路运输为辅，以拉萨为项目中心辐射西藏，以拉萨为基地，向阿里、那曲、昌都、林芝、山南、日喀则六市（地）配送生产资料物流，大大降低了物流产品的运输成本。同时，园区发展整合社会上闲散的物流资源，提高物流设备设施利用率，使得自营物流向社会化、专业化方向发展，极大提高了物流产品贸易供应能力、流转速度和仓储能力，改变了西藏现有的物流交易市场格局。其次，园区将有效整合现有物流资源，实现技术装备升级，促进物流业产业链完善，提升服务能力与水平，在西藏物流业中起到示

① 阿里地区不断完善商贸流通体系 http://www.xizang.gov.cn/xwzx_406/shfz/201901/t20190116_39758.html

② 昌都贸易网络向农村延伸 http://www.xizang.gov.cn/xwzx_406/dsdt/201812/t20181217_24155.html

范带头作用，为下一步改善西藏当前物流交易市场状况，建立良好的物流市场秩序作出贡献。

2018 年，西藏城乡商贸物流服务体系逐步完善，服务功能不断增强，城市商贸物流专业化、组织化程度正在提高，已经建成那曲物流园区、拉萨物流园区等区域物流枢纽，正在加快建设日喀则南亚综合物流园区、林芝综合物流园区、昌都经济开发区物流园区等物流枢纽节点，中铁、西藏航空、顺丰、中兴商贸、华发、京东等多种类型的企业入驻西藏，助力商贸物流建设。

2018 年 1 月，西藏自治区商务厅与顺丰速运集团签署了《西藏自治区商务厅 顺丰速运集团“互联网 + 物流”全面战略合作框架协议》，顺丰集团进藏将为“藏货出藏”提供必要的支撑和基础保障。顺丰融通物流、商流、资金流、信息流与西藏净土产业强强联合，全产业链助推西藏经济发展，为西藏农产品的销售提供“四流合一”的全产业链服务支持，助力西藏产业经济发展。顺丰还利用自有航空运力投入全货仓飞机，开通西藏全货运专机航线。西藏产品可从拉萨始发或经成都中转发往全国近 2000 个流向。

2018 年 4 月，位于雅鲁藏布江南侧、林芝市米林机场西北侧华发（林芝）商贸物流产业园正式开工，总投资 14 亿元，拟建设为藏东南地区最具影响力并辐射全国的、以土特产和藏药材交易为主的商贸物流集散中心，并打造成集旅游、休闲、度假、养生为一体的旅游特色商贸小镇。

2018 年 10 月，商务厅会同国资委推动相关企业整合重组西藏中兴商贸物流产业发展集团有限公司，实现物流板块资源共享，提高物流效率，降低物流成本，从根本上解决物流行业“小、散、乱、差”和“大而全、小而全”的状况，建立一支专业化、信息化、标准化物流队伍。

2020 年，西藏自治区商务厅与京东集团签署了《西藏自治区人民政府 京东集团“互联网 +”全面战略合作框架协议》。随后京东集团与拉萨市净云电子商务科技有限公司全面合作，依托京东物流仓配一体化及零售线上线下全渠道覆盖的优势，为生鲜农特产品打造智能供应链解决方案。根据规划，京东物流将采用“点、线、网”的规划思路，以自治区级、市（地）级、县（区）级为着力点分别建设仓储中心、中转中心、配送中心，搭建仓储、运输、共同配送三个服务体系，组成一张现代化、立体式的物流大网，服务西藏全境，实现电商服务覆盖西藏所有县（区）。同时，通过上述基础设施支撑的干线运输能力，形成工业品下行网络，利用返程运输资源，搭建逆向农业品上行运输网络，助力西藏电子商务产业发展。

此外，京东零售线上已经开设中国特产—西藏扶贫馆，线下京东物流在拉萨、成都等地提供仓配一体化物流服务。京东物流逐步在西藏建立健全城乡物流网络，支持产业发展。京东物流基于“千县万镇 24 小时达”，发起“新一轮物流大提速”计划，深入西藏广大乡镇，整合物流资源，提升西藏消费者购物体验。①

同年，西藏航空有限公司、双流区人民政府、四川省机场集团有限公司三方牵手，西藏航空将在双流区内设立航空物流公司，开展以成都双流国际机场为主运营基地的航空货运业务，建设具有高原特色的航空货运枢纽。2021 年，川藏铁路拉萨至林芝段山南站、贡嘎站、扎囊站、桑日站、加查站 5 座站房全面亮相，拉林铁路是西藏第一条电气化铁路全线全长 435.5 公里设计时速 160 公里，结束了山南市不通火车的历史，对完善西藏铁路网结构，促进西藏经济发展具有重要意义。

2021 年，菜鸟在西藏启动了边远地区的乡村物流升级，首批升级的乡村物流中心位于拉萨、林芝、阿里、那曲、山南、日喀则等下辖的县域。

① 林芝市人民政府：林芝市举办市级电子商务公共服务中心开业暨电商助力脱贫攻坚“林芝苹果”上行京东西藏扶贫馆启动仪式，2020 年 11 月 24 日。

以阿里地区普兰县为例，购买商品要驱车往返 10 小时前往阿里地区中心城区，如今有了菜鸟共配网点，方便群众网购，解决生活必需。菜鸟乡村在西藏将按照“从远到近”的原则，优先在边远地区落地，力争未来三年覆盖西藏全域，助力边远地区加快乡村振兴。通过乡村物流的集约化和数字化，农产品供应链的产地化和“产运销”一体化，把技术落在农业，把产值留在农村，把增收留给农民，助力乡村振兴。

随着电子商务的发展，西藏越来越多的农畜产品以各种方式进行线上销售，切实走出西藏，到达全国各地。自治区公共物流仓储配送中心主要存储和销售的产品有矿泉水、林芝苹果、啤酒、糌粑、青稞、辣椒酱、核桃油、藏蜂蜜等。西藏商贸物流货物来源前 10 名省份主要是发达的分别为广东省、江苏省、浙江省、福建省、四川省、河北省、河南省、湖南省、湖北省、山东省，货物进藏途经的主要城市分为是成都、兰州、西安和西宁。从成本上看，从成都、兰州两地进入拉萨的吨公里物流费用明显低于从西宁和西安等地进藏费用。[①]2020 年，西藏网络零售额保持了两位数增长势头。2020 年，西藏西藏电商企业 2200 家，自治区级电子商务产业园 1 个，电子商务孵化园 1 家，网商数量达 3.2 万家，电商直接和间接带动就业总人数达 12.87 万人。[②]

“十三五”期间，西藏累计完成交通运输固定资产投资 2516 亿元，超计划完成投资 128 亿元，为西藏“十三五”规划目标的 105%，是“十二五”期间 680 亿元的 3.7 倍。为“十四五”时期加快西藏地区物流业均衡发展提供了有力支撑。截止 2021 年底，西藏网络零售额达 179.9 亿元，同比增长 42.4%，在全国排名第 28 位。其中，实物商品网络零售额达到 150.7 亿元，同比增长 43.1%。非实物商品网络零售额为 29.2 亿元，同比增长 38.5%。

---

① 西藏日报：西藏不包邮？真相来了！ https://mp.weixin.qq.com/s/YCmq4XNdd8xdlH6pxKsd0A 2021-1-19

② 中国西藏新闻网：电子商务已成为西藏自治区经济发展新动力
https://www.sohu.com/a/331230039_266317，2019-08-03

直播成为农产品上行的重要途径，西藏直播商品实现网络零售额29.5亿元，实现网络零售量3232.9万件。参与直播的商品数达28713种，投放率为17.3%。其中，农产品直播实现网络零售额1.3亿元，实现网络零售量84.5万件。

第三节　制约因素

一、西藏商贸物流成本高居不下

一直以来，西藏地广人稀，物流费用居高不下，已经成为传统企业和小微企业运行的沉重负担。这也是西藏商贸物流发展的一个瓶颈。商贸流业的发展离不开完善的物流体系的支撑。虽然西藏在公路、铁路、航空等方面有了相对完备的运输工具，不过整体而言除拉萨市外，西藏各地受到很多因素的制约，如环境、气候、地形等，公路交通不完善，制约了物流业的发展，使得该地区的货物进出受到影响。物流基础设施建设滞后，增大了农牧区人们的货物贸易成本。西藏物流还存在库存周转慢的问题，库存占压资金多，库存成本高。仅拉萨的仓储成本就达到了平均每月每平方15元左右。成本长期高居不下，这就造成西藏不包邮的现象成为了常态。

还有些产品十几块二十几块的价格，物流的成本高达二十六、二十八（块）起。有些偏远地区，比如阿里地区改则县，快递基本不包邮，运输周期一般在15天左右，遇到特殊情况一个月送达也很常见，且快递只到改则县，除邮政快递可以送达到乡镇或村委会所在地，其他快递牧区老百姓需要到县城自行领取，乡村物流“最后一公里”问题突出。推进城乡物流配送网络一体化，推动商贸流通体系向偏远乡村延伸，是提高牧区人民生活水平、改善民生的关键环节。

二、西藏商贸物流设施不够完善

西藏商贸物流网络并不完善，基础设施城市与乡镇之间供给不均衡，商业网点特色不强，且布局不够合理。西藏各个商业网点在经营建设方面，主要是集中在城区核心繁华地段，相对偏远一些的城乡结合部、城镇农村地区，商业网点的布局十分分散，很多地方的商贸流通体系还非常落后。近年来，西藏在物流基础设施建设上取得了很大进步，公路、铁路、航空、邮政、网络等基础设施建设迅猛，通达里程大大提高，运营速度不断加快，航运机场建设明显增多，空运能力显著增强，为商贸物流的发展提供了基础条件。但是，这些物流基础设施的规划和建设缺乏统筹协调，造成物流基础设施网络布局不合理，物流基础设施之间配套性、兼容性差，系统功能不强，能支撑区域经济发展的综合物流枢纽设施建设投入较少，高效、顺畅、便捷的综合交通运输网络尚不健全，在一定程度上阻碍了商贸物流综合能力提升。

西藏在商贸物流数据信息平台建设方面，还存在较大差距。商贸公司、物流企业、零售店、百货超市等，各自的货物贸易数据没有实现整合共享。缺乏统一的商品货物流通编码信息，这对于商品货物的质量保证、品牌和信誉建设都是不利的。

三、西藏商贸物流人才比较缺乏

物流业是一个知识密集型的行业，它强调运用物流专业知识和信息手段来为客户创造价值发展第三方物流，建立优秀的物流管理队伍。传统商贸物流仅依靠降低成本的粗放式发展，随着居民消费结构升级，对服务体验要求升高，这对商贸物流在个性化、专业化服务等方面提出了挑战。由于西藏现有的物流专业人员绝大多数是从传统的仓储、运输等行业转变过来的缺少按照国际规则要求、经过系统学习的专业物流人才，高、中、低端层次的物流人才都极为紧缺，尤其是物流规划咨询人才、外向型国际物流人才物流科研人才更为缺乏。物流企业只有改变从业人员素质较低的现状才能适应开展第三方物流服务的要求。

商贸物流人才培养没有得到足够的重视，高层次服务人才短缺比较严重。目前在西藏地区大多数高校中，开设专业物流专业的几乎没有。这就导致西藏地区在培养商贸物流人才方面缺乏后劲。西藏商贸物流对人才的需求迅速增长，而当前商业系统技术装备水平低，缺乏专业技术人员，造成发展不平衡，管理水平、技术水平低下。许多商业企业的采购、仓储、运输、销售等管理职能的分工与协作方面仍很落后。商贸物流经营管理人才缺乏已成为制约商贸企业发展的瓶颈之一。

第四节　发展对策

物流专业化发展是社会化细分的必然结果，也是电子商务快速发展的重要表现形式。2017 年 2 月 8 日，商务部、国家发展改革委、国家自然资源部、交通运输部、国家邮政局发布的《商贸物流发展“十三五”规划》（简称《规划》）提出，到 2020 年我国商贸物流成本明显下降，标准化、信息化、集约化和国际化水平显著提高，基本形成城乡协调、区域协同、国内外有效衔接的商贸物流网络。

西藏的高物流成本可以通过合理的渠道设计以及减少资源浪费来降低。在信息技术方面发展智慧物流；实行各企业间仓库、配送车队等资源的社会化共享以及“最后一公里”配送体系的标准化建设，构建物流产业园 + 配送中心 + 末端配送点的三级城乡配送网络；鼓励商贸物流企业进行资产重组、业务融合和流程再造，在区内培养技术水平先进、主营业务突出、核心竞争力强的大型现代物流企业集团实现集约化发展等。通过完善西藏交通等基础设施建设，激活西藏市场经济，物流成本高的问题便迎刃而解。

一、重视商贸物流基础设施建设

西藏物流业发展的方向在于加快构建商贸物流体系，形成以不同功能定位物流节点为基础，面向西藏及南亚市场的商贸物流网络布局，促进商贸物流产业适度集聚。政府要支持商贸物流企业发展，统筹规划建设和改造现代物流中心、配送中心，加强物流设施建设和设立商贸物流园区等措施，使其不仅为经济协调、平稳、较快发展发挥基础和支撑保障作用，也成为转变经济发展方式，开拓新经济增长点的重要手段。①

商业街区空间布局可以通过打造特色商业集聚区和流通基地，不断优化中心区、边远城区及农村商贸服务业布局，改造提升商品交易市场，优化商业零售网点布局，以特色商业街区为依托，综合运用新建、搬迁、改造、提升等手段，有序调整商业街区空间布局。推进物流园区转型升级，加强园区水、电、路、网络、通信、热力等基础设施建设，提升仓储、运输、配送、信息等公共服务水平，通过信息平台引导线上、线下对接，拓展物流园区增值服务功能。加强城市配送中心建设，支持具有公益性的城市配送公共服务设施建设，推动位于城市或城乡结合部的货运场站转型为社会化配送中心。

加快物流节点布局建设，构建多层次商贸物流网络，提升拉萨、日喀则等全国性商贸物流节点城市的带动性，以满足消费升级、产业转型和城市发展为目标，加快构建物流分拨中心、专业配送中心、末端配送网点三级网络为主的城市配送体系。加强农村物流网络体系建设，支持建设县、

① 苏山：试论西藏在“一带一路”战略建设中的地位和作用 https://mp.weixin.qq.com/s/zDiAiAYxwVAHiGSSdVNJQA，2020-6-16

乡镇综合性物流配送中心和末端配送网点。畅通城乡商贸物流通道，促进城市物流和农村物流的高效衔接。完善西藏商贸物流服务网络，打通特色产品销售渠道。吸引专业第三方物流企业、大中型商贸企业入驻，搭建物流产业节点体系的骨干架构。如拉萨市新建拉萨综合物流园区、改建新建四个物流中心、新建经开综合物流中心、新建达孜专业物流中心、新建柳梧综合物流中心、改扩建新建七个配送中心等。其中，改扩建新建七个配送中心，包括改扩建东城配送中心，新建北城配送中心，以及墨竹工卡县、林周县、曲水县、当雄县、尼木县等县域配送中心。

稳步推进拉萨、日喀则国家物流枢纽承载城市建设、国家冷链物流基地建设以及国家级、区域级流通节点城市建设，支持市场化物流配送体系建设。推进城乡物流配送网络一体化，完善仓储保鲜冷链物流设施，推动商贸流通体系向偏远乡村延伸，打通“最后一公里”，促进农牧区电子商务和实体商贸流通相结合。加快边境县乡（镇）商贸物流体系建设。推动边境地区发展电子商务等线上线下相结合的流通方式，拓展特色产品流通渠道。

二、提升物流人才培养与技术含量

培育现代商贸物流人才需要加强教育丰富商贸队伍建设，并造就一个庞大的商业精英队伍。物流人才是推动商贸企业发展的重要力量，西藏要坚持培养与引进并重的方法，提高人才的专业水平，弥补商贸物流专业人才的不足的劣势。具体方式可以通过高校与商贸物流企业、研究所、行业协会等联合培养的模式，扩充商贸物流人才后备军。支持高等教育机构、商会、协会和企业加强合作，推动学科建设，完善商贸物流理论体系。着力完善专业人才培养体系，通过学历教育、职业教育、继续教育、社会培训等多种方式培养市场急需的商贸物流管理人才和技术操作人才。

加强校企合作，积极开展职业培训，职业院校可采取“订单式”人才培养模式，与企业共同研究制定人才培养方案，校企共同组织针对性教学，确保学以致用，全面提高物流从业人员业务素质。积极推进产学研用结合。以提高实践能力为重点，开展物流标准化、电子商务物流、冷链物流等重点领域技能培训，提高管理和操作能力。组织省内商贸物流人才培养活动，从运输管理、成本管理、安全及法律管理等商贸物流基本知识的培养到创新能力、逻辑思维能力、组织沟通能力等能力素质培养。其次，完善对人才的培养计划，加大对人才培养的资金投入，学习发达地区对人才的培养模式，培养出兼备管理和技术的综合型人才。再次，与西藏大学、西藏民族大学等高等院校、商贸物流协会等建立联合培养机制，提供现有物流行业职工享受再教育的机会，提高专业技能。也可以制定商贸物流人才专项资金，通过省内商贸物流人才评选活动选择比较突出的优秀人才参加我国经济发达地区的培训。鼓励高校与物流企业物流的品牌建设，创立物流专业，理论与实践相结合。

三、搭建公共物流信息平台

拉萨市在发展现代商贸流通业方面，不断采取切实有效的措施。如制定的拉萨综合物流园区信息化系统建设，并完成拉萨综合物流园区与四个物流中心，以及东城配送中心、北城配送中心的信息联网，健全信息共享机制。同时，采取软硬并重推进物流信息系统建设。公共物流信息平台的建设要“软件配套”和“硬件建设”并重，以拉萨综合物流园区信息服务中心为依托，配合物流中心等节点的建设，以及物流企业的信息化改造同步推进。商贸物流企业加快推动平台建设，形成了公共信息服务平台、资源整合交易平台、跨境电子商务平台等物流平台发展模式。适应连锁经营发展需要，形成了供应商直接配送、连锁企业自营配送、社会化配送及共同配送等物流配送模式。建立物流信息服务的网络平台，推动物流业数字化转型。建立相关企业平台，有效解决公路运输市场常见的“货、车分离”等信息不对称问题，提高资源的利用效率。

深入实施“互联网+”高效物流行动，构建多层次物流信息服务平台，发展经营范围广、辐射能力强的综合信息平台、公共数据平台和信息交易平台。运用市场化方式，提升商贸物流园区、仓储配送中心、末端配送站点信息化、智能化水平。推广应用物联网、云计算、大数据、人工智能、机器人、无线射频识别等先进技术，促进从上游供应商到下游销售商的全流程信息共享，提高供应链精益化管理水平。鼓励有条件的地区开展政府物流信息共享平台建设，将交通运输、海关、税务、工商等部门可公开的电子政务信息进行整合后向社会公开。

四、培育现代物流企业与完善管理制度

物流企业在现代商贸流通业发展过程中，扮演极其重要的角色。为此，要加大对现代物企业的培养力，在整个西藏在推动商贸流通业发展方面。培养本地物流企业，成为西藏物流业规和集群化发展的中坚力量。

对西藏现有“小、散、弱”企业进行整合，引导物流企业积极推广共同配送、供应商管理库存等服务模式，满足现代零售企业小批量、多频次、快周转的物流服务需求。加强商贸物流标准化建设，重点完善基础类、服务类商贸物流标准，加快形成覆盖仓储、运输、装卸、搬运、包装、分拣、配送等环节的商贸物流标准体系。鼓励和引导企业主动应用国家标准，支持行业协会、科研机构和企业参与物流标准的制订和宣贯工作。以“互联网+”为驱动，推动适应电子商务、连锁经营、共同配送等现代流通方式发展的商贸物流设施设备标准化、服务标准化和信息标准化。

大力提升商贸物流企业组织化程度，鼓励商贸物流企业进行资产重组、业务融合和流程再造，形成一批技术水平先进、主营业务突出、核心竞争

力强的大型现代物流企业集团。鼓励中小企业通过联盟、联合等多种方式，实现资源整合优化，提升集约化发展水平。鼓励大企业通过平台集聚带动中小企业的组织化和信息化水平提高。打破地区和行业界限，按照物流需求规模及增长潜力，整合需求不足和同质化竞争严重的物流园区，推动各类分散仓储配送资源与大型物流园区衔接配套，引导企业自用仓储配送设施对外开放。支持第三方物流发展，拓展物流方案设计、智能包装、设备租赁等增值服务，着力提升第三方物流服务水平。

五、推进商贸物流专业化发展

在新时代的经济发展背景下，根据《西藏自治区“十四五”时期物流业发展规划》提出，“十三五”期间将重点推动电子商务、冷链、医药等专业物流的发展。具体在发展电商物流方面，将引导其向中小城市及县、乡镇延伸服务网络，渠道进一步下沉；在跨境电子商务方面，将引导、鼓励有条件的企业有序建设海外物流基础设施，打造具有较强辐射能力的公共海外仓。在冷链物流发展方面，要加强多温层节能冷库、加工配送中心、末端冷链设施建设，鼓励应用专业冷藏运输、全程温湿度监控等先进技术设备。在医药物流方面，鼓励大型医药批发企业提供社会化医药物流服务，提升专业化医药物流水平。此外，《规划》还强调物流业的绿色可循环发展，提出减少二次包装，推广使用可降解的胶带、环保填充物，可再生纸张等绿色物料辅料。

新时代推动商贸物流线上线下融合发展，可以不断满足西藏偏远和边境地区农牧民群众需求，努力为农牧民群众提供高质量生产生活综合服务。商贸物流业的发展方向要始终聚焦密切与农牧民群众的利益联结等重点问题，切实为西藏群众增收致富、巩固拓展脱贫攻坚成果、乡村振兴和农牧业现代化作出贡献。

第六章　西藏冷链物流行业

第一节　发展环境

一、政策环境："三级联动"政策鼓励冷链物流发展

冷链物流是现代物流的重要组成部分，因其建设、运输和管理成本高，资金投入大，以及技术要求严等特点，冷链物流在起步阶段面临着受众群体少、市场规模小、技术标准低、基础设施不完善等难题。另一方面，由于冷链物流的目标群体——农牧业产品附加值较低，流通性不足。加之传统社会消费观念的影响，冷链物流及其产品长期以来难以下沉到中小市场当中。因此，我国冷链物流起步较晚，目前仍处于初级阶段，较之于先进国家相比仍有很大差距。加快冷链物流业发展，对于优化农副产品、疫苗以及生物制剂等资源调配，促进相关行业发展、提高收益，提升相关行业的综合竞争力，实现经济增长国内国外双循环，具有重要而深远的意义。近年来，我国冷链物流行业取得了长足的发展。冷链物流市场规模快速增长，国家骨干冷链物流基地、产地销地冷链设施建设稳步推进，冷链装备水平显著提升。

2021年11月26日，国务院办公厅发布《"十四五"冷链物流发展规划》（以下简称"《规划》"），这是我国冷链物流领域出台的第一份五年规划，针对当前和今后一个时期内的现代化冷链物流体系建设，提出了一系列可实现、可操作、可落地的具体措施。《规划》聚焦我国冷链发展的总体环境和实际情况，分析研判制约冷链物流发展的瓶颈因素以及痛处、卡点和

难题，结合国内冷链产品的生产、流通和消费现状，布局冷链物流基础设施、运行网络、配套装备、监管保障各个环节领域，加强顶层设计，做到全方位、全过程指导。争取“建设起畅通高效、安全绿色、智慧便捷、保障有力的现代冷链物流体系，为构建新发展格局提供有力支撑。”

《“十四五”冷链物流发展规划》是我国制定的第一份对于冷链物流行业国家层面规划。规划的制定对于中国冷链物流业在当前和今后一个时期内的高质量发展，给出了顶层设计和系统指引。《规划》指定了“十四五”期间冷链物流在民生领域的重点发展方向，提出建立配套政策支持和建立健全追溯监管体系。从宏观层面对我国冷链物流在“十四五”期间的发展制定了总体目标，同时也给出了冷链物流业在“十四五”期间国民社会经济发展中的总体定位。为各地方冷链物流发展政策方针的制定起到了提纲挈领的作用。

除《规划》外，国务院、发改委、农业农村部等相关部门于2020年，陆续发布了一系列加快冷链物流行业发展的政策法规，包括《关于进一步降低物流成本的实施意见》《关于开展首批国家骨干冷链物流基地建设的通知》《关于加快农产品仓储包项冷链设施建设的实施意见》等。根据对现有数据的不完全统计，国家层面出台的冷链物流相关政策及规划就超过56项，其中国务院出台37项，且多项政策规划都是由国家发改委、国务院等多部委联合制定。“新冠”疫情期间出台的国家政策中，涉及冷链物流的就达到7条。足见国家对于冷链物流行业发展的重视和支持。

各地方政府也出台了许多相关政策、规划，支持本地冷链物流产业发展及地区间冷链物流合作互通。截至2020年底，根据不完全统计，2020年各省、市、地方出台的冷链物流相关政策、规划超过290项。主要集中在补短板、促发展的整体方向。如农副产品大省湖南，就制定了《湖南省冷链物流发展规划（2020–2025年）》。另如经济大省浙江，也制定了《浙江省冷链物流创新发展三年行动计划（2020–2022 年）》。一些冷链物流发展较晚的地区如新疆，也结合本地区情况制定了《新疆冷链物流标准化发展规划（2020–2025）》。总体来说，各地方政府结合《规划》及本地方冷链物流发展实际情况，对冷链物流的发展提供了从政策到资金，再到自身特色需求的全方位支持。

西藏结合自治区物流业发展实际，由发改委、商务厅等部门制定了《西藏自治区“十四五”时期现代物流业发展规划》《西藏自治区“十四五”支持西藏经济社会发展建设项目建议方案》等政策文件，文件主要针对冷链物流体系建设、冷链物流基础设施布局、加强物流市场主体培育等方面的发展措施。相关政策法规的出台使西藏冷链物流体系的发展目标更加明确。一是加快冷链物流布局网络化建设，促进冷链物流市场供求结合，整合西藏特色产品的生产、加工、运输等上下物流产业资源；二是提高冷链物流产业规模化、集约化、专业化、组织化水平，促进城乡居民消费升级；三是加强行业规范化管理，明确冷链物流行业主体相关责任要求，加大责任落实监管力度，引导冷链行业相关企业规范经营，确保冷链物流行业持续健康发展。

从国家到部委，再到地方的三级政策出台，是西藏“十四五”期间冷链物流快速发展的前提保障。三级政策保障从总体思路到实际情况，再到具体措施，形成了涵盖政策、资金、路政等多角度、全方位、可操作的可行方案。总体来看，“十四五”时期将是西藏冷链物流行业发展的“加速期”。

二、民生环境：“消费升级”刺激冷链物流进入“主赛道”

经济高速增长带来了冷链物流规模扩大，高质量发展带来的结构转变更使得冷链物流逐渐进入现代物流“主赛道”。“双循环”背景下，国内居民需求正朝着独特化、个性化、定制化的方向发展，消费习惯也逐渐变得多样化与差异化。尤其是生鲜电商市场需求的快速增加得益于民众对生鲜产品越来越青睐，而冷链物流是保证生鲜供应链顺畅的基础设施，是生鲜产品运输的最主要方式，因此也在短时间内得到快速的发展，成为驱动经济发展的基础性力量。“十三五”期间，我国冷链物流市场规模快速增长，国家骨干冷链物流基地、产地销地冷链设施建设稳步推进，冷链装备水平显著提升。2020 年，尽管受到疫情影响，国内冷链物流市场需求仍然保持稳定，尤其在冷链市场需求端，生鲜电商消费带动冷链物流需求快速增长。2020 年，我国冷链物流市场规模达到 3832 亿元，增速 10.3%。食品冷链物流需求总量约为 2.65 亿吨，比 2019 年增长 3200 万吨，同比增长 13.73%。在冷链物流服务的行业中，食品占比高达 90%；食品细分品类中，生鲜水果与蔬菜肉类占到了较大的比例。冷库库容近 1.8 亿立方米，冷藏车保有量约 28.7 万辆，分别是“十二五”期末的 2.4 倍、2 倍和 2.6 倍左右。①

全国冷链物流市场的快速扩大，同样带动了西藏冷链物流行业的发展。西藏发展冷链物流具有两方面的民生需求。一方面，西藏地区区位优势独特，特殊的地理环境发展出了独具特色的农牧业经济，生产的特色农副产品因其独特性深受人们喜爱，许多西藏地区的特色产品在内地具有着广阔的潜在市场。但在以往，这些农副产品因其保鲜需求等特点，难以大量进入内地市场，这就导致了西藏农牧产品虽然“酒香”，但是却始终不敌“巷子深”。一边是巨大的市场需求，一边是充足的产能，二者却始终难以对接，农牧业产品销路不好，经济发展受阻。因此，冷链物流的发展成为西藏破解这一瓶颈的关键一环，有利于促进西藏独特的农牧产品市场从潜在市场转变为真实市场。与传统物流相比，高品质、精细化、个性化的冷链物流

① 数据来源于国务院办公厅关于印发“十四五”冷链物流发展规划的通知（国办发〔2021〕46 号）_ 政府信息公开专栏 http://www.gov.cn/zhengce/content/2021-12/12/content_5660244.htm

服务更加契合消费者的消费理念，更能够满足消费群体日益多元化的消费需求。冷链物流在诸多现代物流产品中针对消费者的个性化需求能够提供更加多样的、符合消费者期望的解决方案，因此在近年来从各类现代物流产品中脱颖而出，受到消费群体的青睐。

另一方面，“十三五”期间，西藏居民收入保持快速增长，物价指数保持稳定，社会消费品零售总额持续增长。2020 年，西藏居民人均可支配收入 21744 元，比上年增长 11.5%；居民消费价格比上年同期上涨 2.2%。2021 年，西藏居民人均可支配收入 24950 元，比上年增长 14.7%，比全国增速高 5.6%。其中，城镇居民人均可支配收入 46503 元，增长 13%，比全国增速高 4.8%；农村居民人均可支配收入 16935 元，增长 16%，比全国增速高 5.1%。2021 年，西藏社会消费品零售总额 810.34 亿元，比上年增长 8.7%。其中，城镇消费品零售额 668.25 亿元，增长 8.7%；乡村消费品零售额 142.09 亿元，增长 8.6%。[①] 随着西藏居民收入增长，消费持续保持升级态势，对生鲜等农副产品的消费需求不断增加。西藏居民消费习惯也已由基础生存消费逐步转变为追求健康生活方式的消费意识。区内区外生产生活资料的双向流通，已经成为西藏经济发展和改善牧区民生尤其是提升偏远地区农牧区生活条件的的现实需要。这使得西藏冷链物流货运量持续增大，区内区外的物流规模日益增大，相应产生了更多的冷链物流需求。

为此，西藏也在不断加大投入和改善冷链物流基础设施。兴建了多个冷链物流仓储基地和港口，市场规模进一步增加，发展冷链物流的社会资源持续增多。西藏引入国内领先的冷链规划理念和工艺设备，兼顾仓储、加工、销售、配送等多元服务体系，设计仓储总量 10 万吨的拉萨市高原食品冷链中心项目——西藏高原冷链物流港。该项目位于拉萨市堆龙德

① 数据来源于 2021 年，国家统计局网站和 2021 年，西藏统计年鉴。

庆区羊达工业园 B 区，紧邻 109 国道，占地 100 亩，规划总建筑面积 8 万平米，总投资 5 亿元，项目建设内容主要包括：51872.94 平米的两栋高标准四层冷库，16455.22 平米的高原食品加工区，齐全的仓储物流和电商平台，智慧物流园，中央厨房及食品配送中心，以及专业化的配套办公、宿舍、餐饮，设备房、停车场、货品车辆人员交通流线分配等交通区域及设施。2020 年底实现全部商家入场经营、投运，将极大丰富市民的“菜篮子”，做到一年四季供应时令鲜品，成为西藏最大、最专业的冷链专业市场。[①]2021 年，持续加大猪肉等重点生活物资储备和投放力度，建成果蔬配送中心 4 个、冷链库 5 座、配送网点 103 个，区、市和重点县乡初步实现电商服务全覆盖。

三、技术环境：“科技赋能”助力冷链物流市场新发展

冷链物流在我国的现代物流体系中起步较晚，冷链物流具有高度的科技集中性和明确的适用范围，是保鲜类生活资料流通的必要保证，对于物流过程中的仓储、运输和保存都有着较高的标准和技术要求，因其建设、运输和管理成本高，资金投入大，以及技术要求严等特点，冷链物流在起步阶段面临着受众群体少、市场规模小、技术标准低、基础设施不完善等难题。属于现代物流中的“高精尖队伍”。

全国冷链物流市场的快速扩大，同样带动了西藏冷链物流行业的发展。除了需求日益增长带来的广阔的市场前景外，农副产品物流的时效性、精细化是西藏未来冷链物流发展的重点问题。这些问题对西藏新时期冷链物流的发展提出了精细化、高效化、数字化的新要求。如何利用高新技术赋能冷链物流，提高物流效率，提升行业标准，完善物流链条，提高物流精度，

① 拉萨高原食品冷链市场于 11 月底实现商家入场 _ 凤凰网 https://news.ifeng.com/c/810yCZN7oYw

降低物流成本，是西藏“十四五”时期冷链物流发展的重要着力点。“十四五”新时期的冷链物流发展除了“增量”，更需要“提质”，为冷链物流的精细化发展提供科技支撑。

高新技术的发展为冷链物流拓宽市场提供助力。西藏通过大数据、云计算等方式，对农牧产品消费市场的数据进行收集，对消费者的消费习惯、消费方式、消费偏好等数据进行分析。能够发掘潜在消费群体，做到精准投送，扩大西藏特色产品的市场和销路，增加冷链物流的发展规模，降低单位产品的物流成本。另一方面，利用5G等新技术，可以做到从仓储到运输的全流程、全时段追踪，实现物流运输全过程的数据化、可视化体验，增强对冷链物流的时效性、风险性把控。与此同时，运用新一代恒温制冷保鲜技术，能够保证农副产品新鲜度，提升消费体验，打造西藏冷链物流的靓丽品牌。

“十四五”新时期，西藏冷链物流发展要在扩大规模的基础上着力提高科技含量，充分利用高新技术，为冷链物流进行“赋能”，让冷链物流发展成为“智慧＋冷链物流”、“科技＋冷链物流”。综合来看，随着经济发展、消费提升以及技术成熟，冷链物流行业正在逐步成熟，市场及消费者对于冷链物流的需求量和认可度都在逐步提升，冷链物流在未来的发展前景广阔。“十四五”期间，伴随着国家现代化物流体系建设，西藏冷链物流业也将全面发力，步入现代物流高速发展的“黄金赛道”。

伴随新一轮科技革命和产业变革，大数据、物联网、5G、云计算等新技术有效赋能冷链物流各领域环节，加快设施装备数字化转型和智慧化升级步伐，提高信息实时采集、动态监测效率，为实现冷链物流全链条温度可控、过程可视、源头可溯，提升仓储、运输、配送等环节一体化运作和精准管控能力提供了有力支撑，有效促进冷链物流业态模式创新和行业治理能力现代化。全国多个省份已经开始进行冷链基础设施智慧化升级和冷链智能技术装备应用，这也为西藏“十四五”期间全力探索科技赋能冷链物流高速发展，实现“智慧物流”提供了一定的借鉴经验。

第二节　发展现状

一、冷链物流基础设施建设逐步完善

西藏地处高原，以农牧业生产为主，特殊的气候条件养殖出特色的生鲜农牧产品，如牦牛肉、藏猪肉、藏鸡蛋、青稞、牦牛奶制品等，深受消费者青睐。伴随着互联网的应用及电子商务平台的建立，西藏生鲜农牧产品冷链物流实现了飞跃式发展，但仍难以满足与日俱增的市场需求。据西藏统计局数据显示，2019 年，西藏农林牧渔业生产总值达 212.8 亿元，同比增长 8.9%。2020 年，西藏农林牧渔业总产值高达 233.5 亿元，同比增长 7.9%；粮食产量 103.96 万吨，其中青稞产量 79.50 万吨；猪牛羊肉产量 27.79 万吨，同比增长 0.1%；奶类产量 49.17 万吨，同比增长 5.4%；蔬菜产量 84.36 万吨，同比增长 8.9%。[①]生鲜农牧产品的持续高产、日益旺盛的市场需求及爆发式增长的生鲜电商使西藏冷链物流的承载能力面临巨大挑战，更大规模、专业、规范的冷链物流体系亟需建立。

西藏立足建设专业化、规范化的高原特色农产品基地。在《西藏自治区“十三五”时期物流业发展规划》中已明确提出要重点推出冷链物流产业，充分发挥地处高原的特殊区位优势，建设专业性的冷链物流设施更好地服务于特色农畜产品的生产、经营、销售及消费，形成区域相关产业协同配套效应，加快构建覆盖西藏西藏的完整的冷链仓储设施网络化建设。按照中央第七次西藏工作座谈会再次明确要求，加强冷链物流体系基础设施建设，“十四五”期间拟在西藏西藏布局建设 10 个具有集中采购和跨区

① 数据来源于 2019-2020 年，西藏自治区统计局。

域配送能力的冷链物流集散中心，新建或提升改造 74 个县标准化仓储冷链设施项目。在有条件的大型社区安装智能保鲜柜，推进社区生鲜直销店建设，加快构建惠民便民的生鲜直销配送体系。[①]

2020 年，西藏冷链物流基础设施建设有了重大突破——投资 5 亿元、占地 100 亩、总建筑面积 80000 平方米的西藏高原冷链物流港建设完成，于 2020 年底正式开始运营。作为西藏最大的高原特色食品加工基地，西藏高原冷链物流港有两栋高标准四层冷库，占地 51872.94 平方米；高原食品加工区占地 6455.22 平方米；先进的冷链规划理念和工艺设备，具备仓储、加工、销售、配送等多元服务体系，设计仓储总量 10 万吨。同时西藏高原冷链物流港使用国内领先的冷链设计标准，可满足全温区不同货物品类的冷藏需求，低温库温度范围为 –18℃至 –23℃，高温库温度范围为 0 至 12℃。冷藏货品包括畜牧产品、农副产品、水果、蔬菜、海产品、水产品、奶制品等众多品类。冷库可按照储存产品的最佳温区需求进行分区调节，以确保各类货品都能保鲜。西藏高原冷链物流港是西藏规模最大、技术最先进、专业性最强的冷链物流市场。

另外，西藏目前已经建成拉萨物流园区、那曲物流园区等区域物流枢纽，正在加快建设日喀则南亚综合物流园区、林芝综合物流园区、昌都经济开发区物流园区等物流枢纽节点。

二、冷链物流企业不断涌现

国家一系列政策的出台推进了冷链物流相关行业的规范发展，进一步释放了企业活力，形成多样化的冷链物流企业发展模式，使得现有冷链物

① 引自关于印发《西藏自治区“十三五”时期物流业发展规划》的通知 _ 西藏自治区人民政府 http://www.xizang.gov.cn/zwgk/xxgk_424/zxxxgk/201902/t20190223_64364.html

流企业朝着标准化、网络化、规模化、集团化方向发展。面临着冷链市场需求形式不断变化，许多企业积极踊跃探寻新的机遇，拓宽了冷链物流企业的发展模式，主要类型有生产加工主导型、连锁经营主导型、批发市场主导型、供应链一体化主导型、第三方冷链物流主导型、电子商务主导型等。例如，双汇和冷王、东风、开利等六家企业合作，预计 3 年内投入 3 亿元增加 850 台运输车，成为冷链版“滴滴”；京东冷链、苏宁物流、顺丰冷运等均在筹划全国性的冷链物流网络布局；中粮等第三方物流企业加强与上下游企业的战略合作，有效完成资源整合，充分利用先进的冷链技术，积极拓展冷链物流相关业务。[①]

为更好地促进西藏冷链物流发展，西藏结合重点发展的产业领域，依托区内冷链商贸、物流企业并存的现时业务基础，引进先进的供应链物流管理理念，支持冷链物流企业将低温加工、冷藏冷冻、运输配送等物流功能进行有效整合，形成连锁配送网络，开展一体化物流服务体系，支持上下游企业融合联动发展，不断拓展冷链物流企业发展模式，壮大企业经营规模和实力。着力培育一批组织化程度高、专业服务能力强、经营效益好的大规模本土化冷链物流龙头企业。

目前，以西藏高原冷链物流港作为载体，拉萨市东嘎农贸市场、西海冷链市场、城关区净土、拉萨药王山市场、顺丰物流、京东物流、肯德基食品配送中心等众多供应链企业进行战略合作，联动发展；另有西藏供销总社、西藏农牧投资集团、山南市绿源农牧投资公司、日喀则珠峰农业博览园等多家西藏区内大型企业形成集聚优势；更有兰州、重庆、成都、西宁等地区的专业冷链市场经营商家即将入驻西藏，加强区内外物流企业与生产加工企业、商贸流通企业的深度融合发展。

① 崔忠付 .2019 年冷链物流行业回顾与未来发展建议 [J].《物流技术与应用》,2020 年 z1 期

三、冷链运输结构持续优化

国内当前的冷链运输结构仍以公路运输为主。随着西藏交通条件得以改善，公路运输、铁路运输、民航运输快速发展，是西藏冷链物流体系建设必要的交通基础设施条件。截至 2020 年末，西藏公路总通车里程 118831 公里，完成货物运输周转量 158.18 亿吨公里，其中公路运输 39.80 亿吨公里，铁路运输 116.73 亿吨公里，航空运输 0.43 亿吨公里。2020 年，西藏公路完成货物运输总量 4106.51 万吨，同比增长 1.6%。其中，公路 4038.97 万吨，铁路运输 51.99 万吨，航空运输 2.75 万吨。①

表 6-2：2016—2020 年西藏自治区货运情况

年份	货运量（万吨）	其中		货物周转量（亿吨公里）	其中		快递业务量（万件）
		公路货运量（万吨）	铁路货运量（万吨）		公路货物周转量（亿吨公里）	铁路货物周转量（亿吨公里）	
2016	1971	1906	607.2	124.63	94.50	30.14	734.39
2017	22.03	2148	588.0	136.30	105.82	30.47	567.51
2018	2433	2363	680.8	150.06	116.84	33.22	725.80
2019	4025	3969	820.4	154.38	114.47	39.91	874.34
2020	4091	4039	814.9	156.53	116.73	39.80	1138.97

数据来源于《西藏自治区“十四五”时期现代物流业发展规划》

随着冷链运输结构不断优化，多式联运越来越成为冷链运输发展趋势。虽然冷链各种运输方式之间存在竞争，但目前正逐渐由以公路为主导的模式转向多式联运的协同发展，采用产地直发、多地协同等运营模式，以及“航空 + 高铁 + 公路运输”等多式联运的冷链运输新方式，充分发挥各种运输

① 数据来源于 2021 年，西藏自治区统计年鉴。

方式的优势特色和组合效率。例如，生鲜电商企业如天猫、京东、苏宁等企业，将林芝苹果、山南核桃等原产地生鲜，通过航空、高铁、公路最后一公里送达消费者，满足消费者从田间到餐桌的需求。

四、冷链物流技术不断完善

随着冷链物流产业的快速发展，冷链物流技术不断升级创新，冷链仓储、冷链车辆等现代化设备以及温度调节系统、人工智能、大数据补货和云计算等数字化技术均在冷链物流中得以应用，有效提升了冷链物流效率，保障了冷链产品的质量安全，更好地满足居民的冷链消费需求。冷链物流技术的升级、先进技术的应用必将成为冷链物流企业提升核心竞争力必然选择。

西藏高原冷链物流港作为西藏规模最大、专业化程度最高、技术最先进的冷链物流中心，是西藏冷链物流产业最具有代表性的典范。西藏高原冷链物流港引入了国内领先的冷链规划理念和工艺设备，将冷链技术应用于产品的仓储、加工、批发、销售、配送等多元化服务体系当中，逐步实现全程低温控制目标。另外，西藏高原冷链物流中心可通过物联网市场信息公共交流平台及仓储信息管理平台收集冷库容量、温区分布、周转率等冷链物流相关数据，使用原始数据进行指标测算，对西藏冷链物流产业的实际情况进行评估、预测，加强信息化平台建设，促进西藏冷链物流技术创新、持续健康发展。

第三节　制约因素

一、基础设施不完善

建立现代化的冷链物流体系，离不开先进的基础设施设备。伴随着我国冷藏车、冷藏库等冷链基础设施近年来规模不断扩大，数量持续增长，据统计目前全国范围内冷库总量已超过700万立方米，但对于生鲜农产品必须的产后预冷技术，在低温环境下的分等分级、包装加工等商品化处理方式普及度还不高，通过原始手段进行运输环节的温度控制的现象依旧存在。相比于传统物流，冷链物流需要前期投入较大成本完善基础设施，包括冷链运输车辆的购买、低温仓库的建设等。

近年来，西藏虽然加快了物流业基础设施的建设速度，不断扩大物流企业规模，物流服务网络和服务水平也有了显著的提升。但从整体角度看，西藏冷链物流业发展仍然相对落后，同内地相比仍有较大提升空间。物流网络覆盖面不完善，基础设施建设滞后，供给端能力不足，多数仍采用传统的运输方式，粗放的发展方式产生较高的物流成本，企业核心竞争力不足，专业化、现代化、社会化程度较低，无法满足西藏产品冷链市场的日益增长的需求。

西藏农牧产品冷链物流基础设施主要以冷藏车和冷库为主，大型或自动化程度高的设施数量有限而且部分老化严重，经常出现“冷链不冷”和冷链“断链”的现象。对温度要求高的部分产品也是露天装卸，特别是在冗长的医药冷链物流流通过程中，部分运输商缺乏冷链常识，为节约成本竟然使用简易冰袋和保温箱来冷藏药品，达不到医药产品需求的冷藏温度区间，使得药品质量无法得到根本保证。另外，西藏冷链物流中的低温控制技术落后、配送设施陈旧，如GPS、GIS、SCM、低温控制系统等均未在西藏区内的冷链物流体系得以应用，且西藏区内的冷库数量、容量同冷链市场的需求差距较大，部分地区仍然采用塑料、棉被苫盖的“土保温”方法。

二、第三方冷链企业数量少、服务水平低

第三方冷链物流模式是由独立于卖方物流和买方物流企业的第三方企

业主导，物流服务需求企业将自己的物流业务活动交付至第三方，并支付相应费用，双方签订合同以保证各自权益，需求方从而能集中企业资源，发挥自身优势做好核心业务。

从总体来看，西藏的冷链物流正向前发展，但在发展过程中，尚未形成优质优价的市场机制，健全的服务体系也尚未完善健全，在冷链物流的仓储和运输配送环节大都由生产企业和经销商独自完成，较少借助第三方服务企业，区内有知名度且官方可查的冷链物流企业不足 10 家，且大多数物流企业总体规模偏小，经营粗放，服务标准不统一，功能单一，整体竞争实力弱，区内现有冷库的数量、容量均未能满足冷链物流的条件。具备资源整合和行业推动能力的大型冷链物流企业刚刚起步，西藏区内冷链物流水平与国内冷链物流平均水平相差甚远。

三、信息化建设程度较低

随着社会经济的快速发展，信息技术水平也得到大幅度提升，为各行各业发展带来了诸多的便利，特别是对于西藏农牧产品冷链物流发展来讲，具有重要的意义。但实际农产品冷链物流发展中仍面临很多问题，物流信息化水平低，物流资源条块分散，对于各类要素的集约利用化程度不高，传统物流运营方式下以商贸流通和仓储业为主的发展思路没有根本性改变，物流仓储在全流程自动化、标准化、信息化等方面水平低。信息化建设程度低是直接阻碍本地区物流行业发展的重要原因，本身产品在运输过程中就会因诸多因素而发生腐败变质，倘若这类食物流通消费者手里，势必会影响其消费体验，因此这类问题亟需借助现代化技术手段及时反馈。但是鉴于多种原因导致的信息化建设程度不高，信息反馈不及时、不通畅，大量农产品在运输过程中无法进行信息动态捕捉与实时反馈。

四、行业规范标准不健全

虽然目前已出台不少关于冷链物流发展的相关政策，但尚未形成针对冷链物流全供应链主体的法律规范性行为准则，也缺少对冷链物流各个环节的科学温度区间、设施设备操作规范等具体操作方面的统一标准，导致冷链物流各个环节的信息资源难以有效衔接。可能部分相关管理办法和操作规范在国内已开始普遍推行，但在西藏区内尚未实现有效推广。

以上问题在西藏具体表现为本地区物流企业的标准化意识薄弱，难以设计企业自身标准。从国内生鲜农产品行业自身角度看，目前要想全国范围内实行统一的标准尚有一定的难度：一是同一产品涉及到的种类及品种繁多，在规格标准方面难以统一；二是生鲜农产品往往供应链长，环节多，供应链不同主体之间难以实现紧密合作，以上两点原因决定了目前条件下要想在行业内执行共同标准难以实现。虽然近年来西藏政府针对冷链物流基础设施方面的建设力度不断增强，但针对生鲜农产品领域的冷链物流仍缺乏系统性、整体性和针对性的顶层设计和运作机制，在相关政策体系的制定方面也缺乏针对冷链物流行业规范化、体系化发展的引导措施。总览冷链物流全系统，尚未形成完整的运行机制，缺乏统一的行业性标准和规范操作流程，这些要素共同制约了西藏生鲜农产品冷链物流的进一步发展。

第四节　发展对策

一、完善冷链物流基础设施建设

道路交通是物流的载体，西藏冷链物流产业的发展得益于西藏交通运输环境的改善。《西藏自治区国民经济和社会发展第十四个五年规划和二〇三五年远景目标纲要》指出，要完善综合交通运输枢纽布局，促进各种运输方式有机衔接，加快进出藏综合运输通道建设，提高农牧区和边境地区交通通达深度，建设安全、便捷、高效、绿色、经济的综合交通运输网络。着力打造综合立体交通网络，建设互联互通运输快速通道，提高交通运输综合服务水平。[①]

增设专业化的冷链装置。尽快形成以西藏高原冷链物流港为中心、西藏各地级市相关联的冷链物流基地网络，统一服务理念和技术标准，负责所属地域的特色产品的冷链运输。发挥政府引导、龙头企业带动的重要作用，招商引资，给予冷链运输基地建设最大的资金支持，引进国内领先的先进冷链技术，购进适合于高原特色的冷链运输专业化机械设备、冷藏车等。

加强区内通讯设施建设。虽然西藏的基础通信渠道已经基本覆盖了西藏，但部分山区、偏远地区仍存在通信硬件装置不完善或无通讯装置的境况，西藏冷链物流的顺畅运行得益于匹配的信息平台设施。因此，需加大西藏冷链物流基地业务、服务等方面的推广力度，对现有覆盖全省的信息架构进行增设多功能、实用性板块的改良。通过搭建完善的信息平台的方式，保障冷链运输信息的连贯性，增强冷链物流实效性。

二、建立规范化的冷链物流行业标准

2020 年 2 月 5 日，《中共中央国务院关于抓好“三农”领域重点工作确保如期实现全面小康的意见》中提出，加强农产品冷链物流统筹规划、分级布局和标准制定，着力提升设施设备技术水平、优化运输组织模式，

① 引自：西藏自治区《国民经济和社会发展第十四个五年规划和二〇三五年远景目标纲要》https://www.ndrc.gov.cn/fggz/fzzlgh/dffzgh/202106/t20210617_1283438.html?code=&state=123

推动形成全程温控、标准规范、运行高效、安全绿色的冷链物流服务体系。西藏冷链物流产业还处于起步发展阶段，冷链物流企业良莠不齐，专业化不强，尚未形成统一、规范化的行业标准，政府应尽快建立适用于西藏区情的冷链物流行业标准，加强冷链物流业的考核与监督。

一是充分发挥行业协会组织的引导作用。将国家及自治区颁布发冷链物流行业相关的政策文件通过行业协会转达给各冷链物流企业，并由行业协会负责解释说明及提供咨询服务。二是依据国家冷链物流行业规范标准，结合西藏实际区情，召集区内外相关行业专家形成智库共同制定西藏冷链物流行业标准。三是由行业协会成立冷链物流监督管理小组，依据冷链物流行业标准对各冷链物流基地、企业、设施、从业人员等进行整改，加强规范性引导，构建信用评级平台，执行激励与惩戒并存机制，逐步建立西藏物流业发展综合考核管理体系。

三、加快第三方冷链物流企业发展

冷链物流标准逐渐严格、细化，给生产商、营销商及其上下游企业带来前所未有的挑战，受企业既有规模又有发展规划等多种因素限制，难以一时满足生产到销售的全程冷链物流标准，因而冷链物流外包业务需求快速增加，对第三方冷链物流企业的需求也随之增加，组织化、集约化、规范化、专业化的冷链物流服务是发展趋势。为进一步满足冷链物流市场日益增长的需求，政府应顺应趋势，采取措施培育壮大冷链物流企业，鼓励支持第三方冷链物流企业加快发展。一是通过参股控股、兼并联合和合资合作等方式，进行资产重组、业务融合和流程再造，壮大企业规模和实力，培育一批组织化程度高、专业服务能力强、经营效益好的冷链物流龙头企业；二是针对西藏冷链物流企业制定税收、信贷等优惠政策，激励冷链物流企业扩大经营规模，完善基础设施、设备、技术；三是构建全面规范的市场准入标准体系，严格把控市场准入标准，保证西藏冷链市场投资主体多样化促进良性竞争，使第三方冷链物流企业发展跨区服务业的积极性有效提升。[①]

四、加强冷链物流专业人才培养

一是培养高校冷链物流专业人才。积极宣传冷链物流市场发展需求及冷链物流专业人才短缺的现状，引导、推动西藏各中职以上高校开设冷链物流管理专业，为西藏冷链物流产业可持续发展培育储备人才。二是政府相关部门聘任西藏区内外冷链物流专家定期对西藏高校物流专业教师及各冷连物流企业从业人员进行专业化、规范化的理论与实践相结合的集中培训，提升高校教师及冷链物流从业人员的专业技术水平，加快完善冷链物流人才培养体系。三是增强校企合作。在西藏设立高校冷链物流实训基地，增加高校新生冷链物流人才的实习实践机会，为西藏冷链物流产业发展提供后备力量。四是提高冷链物流人才的薪资待遇、拓宽晋升渠道，引进制冷领域的复合人才。发挥各种手段和措施，为西藏冷链物流产业培育专业性人才，助力西藏冷链物流产业的持续、健康发展。

① 李道成．黑龙江省农产品冷链物流模式研究［D］．哈尔滨：东北农业大学，2016.

第七章　西藏跨境物流行业

地缘经济是在世界经济全球化和区域经济一体化不断加深的国际背景下，在地缘要素影响下，从经济地位和经济关系的角度认识、处理和定位国际关系的新学科。冷战后，从地缘空间角度出发，通过经济的对外开放及外向型发展，利用资本、技术、市场等经济威力扩大国家影响力和控制力，已经成为实现国家政治目的的主要手段。随着世界经济中心向亚太地区东移，中国和南亚次大陆地缘关系日趋突出，西藏作为我国连接东亚与南亚唯一的陆路口岸有着不可替代的战略地位，是国家确定的沿边地区开放开发重点区域和面向南亚开放的重要通道。中央第六次西藏工作座谈会也明确指出“要把西藏打造成我国面向南亚开放的重要通道”。但是由于西藏本身自然障区面积较大，不利于宏观层面区域开发，应着眼于微观视域，从跨境区域的经贸合作入手，“以点带面”推进南亚大通道建设，从而有效衔接“一带一路”。

第一节　空间布局[①]

西藏地处我国西南边陲，毗邻尼泊尔、印度、不丹、缅甸等国，对南亚区位优势明显，边境总面积34．35万平方公里，边境线长达4300多公里，分布了21个边境县，104个边境乡，边境通道312条、边贸市场28个、

① 资料及数据来源：日喀则市商务局《日喀则市对外开放和口岸建设情况汇报》、西藏自治区商务厅口岸办《西藏自治区口岸及口岸贸易“十二五”总结》。

陆路边境口岸 7 个。其中，7 个陆路边境口岸自日喀则南部延喜马拉雅山脉向西北方向呈扇形分布，依次位于日喀则地区的吉隆县、聂拉木县、亚东县、定结县和仲巴县和阿里地区的普兰县 6 个边境县境内。限于基础设施条件和政治外交关系，西藏口岸以边境公路口岸为主，航空、铁路口岸偏少。现有口岸多分布在日喀则市的对尼口岸，藏东、藏西地区对邻国的分布较少。

一、吉隆口岸

位于日喀则市吉隆县吉隆镇，与尼泊尔拉索瓦、廓尔喀两县接壤。对应尼方口岸为热索瓦，距日喀则 560 公里，距拉萨市 818 公里，距尼泊尔加德满都 131 公里，与博卡拉、东郎等尼泊尔经济较发达市县和经济开发区相近，交通相对便利。1961 年 12 月，确定设立吉隆海关，1962 年，吉隆口岸正式对外开放。1978 年被批准为国家一类陆路口岸，2015 年，正式通关，成为国际性陆路口岸。吉隆口岸曾是西藏与尼泊尔最大的陆路通商口岸之一，截止目前对尼开放，仅有零散的、小额的边民互市贸易。

二、樟木口岸

位于日喀则市聂拉木县樟木镇，东南西三面与尼泊尔辛杜帕尔乔克、多拉卡两县接壤，对应尼方口岸为科达里，距日喀则市 478 公里，距离拉萨市 736 公里，距离尼泊尔加德满都 128 公里。1961 年 12 月，设立聂拉木海关，1962 年，樟木口岸正式对外开放。1983 年，经批准成为国家一类陆路口岸，现为国际性陆路口岸。樟木口岸公共设施相对完善，行政职能机构和经营性服务机构相对健全，目前对尼开放，开展的贸易类型包括边民互市贸易、边境小额贸易和一般贸易，是中尼两国经济、政治、文化交流的主要公路口岸，承担着 90% 以上的中尼贸易量。受“4.25”地震影响，暂时中断运行。2019 年 5 月 29 日，伴随四个尼泊尔集装箱通过海关进入中国境内，标志着 2015 年尼泊尔大地震后关闭四年的樟木口岸重新恢复运行。

三、亚东口岸

位于日喀则市亚东县下司玛镇，向南呈楔状伸入印度和不丹之间，与印度锡金邦接壤，距日喀则市 309 公里，距拉萨市 460 公里。距离不丹首都廷不约 30 公里，由乃堆拉山口出境至印度昌古边贸市场 7 公里，至印度锡金邦首府甘托克 100 公里，继续南下至印度铁路交通枢纽城市西里古里不足 140 公里，再从西里古里经铁路南下至印度港口加尔各答约 370 公里。加尔各答附近城镇密集，距离孟加拉国北部交通枢纽格普尔 220 公里，是中国西部部分省区特别是西藏距离印度洋出海口最近的口岸。它是我国陆上与印度贸易往来的捷径，具有突出的区位优势。亚东县与印度不存在领主争议，有发展贸易的内在需求，1894 年 5 月 1 日，设关通商，1913 年 3 月闭关，此后，亚东商路依然通畅，1962 年关闭，2006 年 7 月，乃堆拉山口正式恢复开通。亚东口岸曾是西藏最重要的对外通商口岸。目前，待恢复开放，默认为国家一类口岸或国际性陆路口岸，主要对印开放，边民互市贸易为主。

四、普兰口岸

位于阿里地区普兰县普兰镇，属于中、尼、印三国交界处。距阿里地区所在地噶尔县狮泉河镇 360 公里，距拉萨市 1350 公里。对应尼方口岸为雅犁口岸。与印度贡吉对应为强拉边贸通道。1961 年 12 月，设立普兰海关，

1954年，普兰口岸正式对外开放。普兰的中印通道于1962年关闭，1992年，中印强拉边贸通道恢复开通，1995年，批准成为国家二类口岸，现为国际性陆路口岸。普兰口岸是中、印、尼三国政治、经济、文化、宗教交流的重要口岸和通道。但因尼泊尔和印度境内未通公路、仍然是以人背畜驮的方式开展边民互市贸易为主，出入境人员以边民、游客和朝圣者为主。目前，该口岸对印、对尼开放，开展的贸易类型包括边民互市贸易、边境小额贸易和一般贸易。

五、日屋口岸、陈塘口岸

日屋口岸位于日喀则市定结县日屋镇，与尼泊尔塔普勒琼、桑库瓦沙巴两县接壤，与尼对应口岸为瓦隆琼果拉口岸。距定结县75公里，距陈塘镇70公里。距日喀则市310公里，距拉萨市585公里。1986年，批准正式开放。1972年，被批准为国家二类陆路口岸，现为双边性陆路口岸。

陈塘口岸位于定结县陈塘镇，距日屋镇约70公里，距定结县150公里，距日喀则市约373公里，距拉萨554公里。2012年，中尼签订协定，将陈塘口岸作为双边性陆路口岸，并正式开放。陈塘口岸作为日喀则市边境贸易新的陆路口岸增长点，其作用日显突出。“十三五”期间，日屋、陈塘口岸拟以扎西热卡—车布达山口通道和扎西热卡—陈塘通道，“一口岸两通道”模式开放。由于中尼两国在此没有公路连接，只有边境互市贸易。

六、里孜口岸

里孜口岸位于仲巴县西南部亚热乡，距县城58公里，距边境一线曲旦玛布通道6公里，距尼泊尔洛满塘镇近30公里。2012年，中尼签订协定，将其作为双边性陆路口岸，并正式开放。目前，对尼开放，只有边境互市贸易。

七、拉萨航空口岸

位于拉萨市西南 95 公里。机场于 1965 年兴建，1966 年 1 月，投入使用。该口岸 1993 年 6 月 29 日，正式开放，实际是 1999 年 6 月 29 日，正式开展业务。“十三五”期间，拉萨航空口岸以进一步完善基础设施、加速口岸信息化建设、实现信息共享、提升通过能力、塑造国门形象，打造通往南亚的国际航空枢纽为主要目标，进行了联检楼的升级改造，完善了“一关两检”办公设施和设备配置，硬件条件得到提升。拉萨航空口岸以人员出入境为主，国际航空数量较少，其中 2019 年，拉萨 / 贡嘎机场旅客吞吐量 4572428 人，货邮吞吐量 39320.2 吨，起降架次 39065 次。2020 年，拉萨 / 贡嘎机场旅客吞吐量 4133192 人，货邮吞吐量 41920.2 吨，起降架次 36762 次。

第二节　发展现状[①]

一、边境贸易发展概况

根据表 7-1 可以看出，因 2006-2021 年，间西藏对外贸易增幅波动较大。而西藏边境进出口贸易发展迅猛，尤其是 2009-2014 年，间相比西藏对外贸易，呈现出稳定快速增长势头，边境进出口贸易总额从 169872 万元飙升至 1217439 万元，年均增长率为 102.78%；且占西藏对外贸易总额的比重不断攀升直至 2014 年突破历史之最 87.79%。但是受 2015 年 4 月 25 日，尼泊尔大地震影响，西藏不论是对外贸易还是边境贸易持续下滑，边境进出口贸易从 2014 年，1217439 万元下降至 2015 年，302351 万元，2016 年，

① 因 2015 年尼泊尔大地震对西藏边境口岸影响较大，本章内容相关数据主要集中在 2016 年以前。

继续恶化至 298644 万元。从以上数据可以看出，边境贸易是西藏对外贸易的主要组成部分，“4.25”尼泊尔大地震直接导致边境贸易额的下跌，深刻暴露出西藏边境贸易发展的局限性。2020 年，受新冠疫情影响，西藏对外贸易及边境贸易有明显的下降趋势，对外贸易进出口总额从 2019 年，487558 万元下滑至 213286 万元，边境进出口总额由 2019 年，293321 万元下降至 96677 万元。2021 年，随着新冠疫情的逐步控制，对外贸易情况开始有所好转，但边境进口总额却从 2019 年的 3264 万元下降至 2020 年的 159 万元，到了 2021 年，继续下降至 0 元，说明边境进出总额受影响很大。

表 7-1 2006-2021 年间西藏对外贸易及边境贸易情况

年份（年）	对外进出口总额（万元）	出口总额（万元）	进口总额（万元）	边境进出口总额（万元）	边境出口总额(万元)	边境进口总额（万元）
2006	256152	173332	82820	137420	133832	3588
2007	287422	238408	49014	181827	179584	2243
2008	531798	491348	40450	166391	164487	1904
2009	274507	256296	18211	169872	167468	2404
2010	565890	521942	43948	338847	336884	1963
2011	856047	745460	110587	586192	582329	3863
2012	2167236	2123587	43649	1067474	1061721	5754
2013	2055765	2024588	31177	1191504	1185354	6150
2014	1384815	1290039	94776	1217439	1206826	10613
2015	565535	362364	203171	302351	299042	3309
2016	516742	312369	204373	298644	296058	2586
2017	591919	298473	293446	233807	231661	2145
2018	475188	285698	189490	241206	238486	2720
2019	487558	374534	113024	293321	290057	3264
2020	213286	129364	83922	96677	96518	159
2021	401616	225196	176420	172227	172227	0

资料来源：2020 年西藏统计年鉴以及中国人民共和国拉萨海关官网

二、建设管理措施

西藏相继公布实施《西藏自治区"十三五"时期商务发展规划》《西藏自治区人民政府关于促进边境贸易发展的实施意见》《西藏自治区樟木口岸发展规划(2011–2020)》《西藏自治区普兰口岸发展规划(2011–2020)》《西藏自治区日屋口岸发展规划(2011–2020)》《西藏自治区吉隆口岸中长期发展规划(2013–2030)》《西藏自治区"十四五"时期现代物流业发展规划》,《西藏自治区外经贸发展专项资金管理办法实施细则》《西藏自治区贯彻落实促进外贸回稳向好的实施意见》《西藏自治区边民互市贸易精准扶贫工作试点方案》等政策措施,[①] 为西藏口岸建设发展奠定了基础、指明了方向。此外,检验检疫部门出台了《小额贸易检验检疫工作指南》《进口货物现场检验检疫流程及要点》等,樟木、普兰、吉隆、日屋口岸也相继成立了管理委员会,人员配备到位,强化了边贸职能管理,各司其职、各尽其责,使得口岸管理体制得到进一步理顺,落实取消和下放行政审批事项,降低报关企业注册登记准入门槛,简化报关企业申请注册登记手续,实行报关企业跨关区分支机构备案制,为口岸建设发展提供了强有力的领导、组织、协调和保障作用。《西藏自治区"十四五"时期现代物流业发展规划》明确了现代物流业发展的主要任务、重点工程和政策举措,通过推进物流发展五项任务,统筹五大现代物流体系,实施十项物流重点工程,完善八个保障措施,促进西藏现代物流业持续健康发展,有效降低物流成本,推进供给侧结构性改革,培育经济新增长点,提升经济发展层次和水平,促进产业转型升级和提质增效,是指导未来五年西藏现代物流业发展的行动纲领,是各地(市)制定物流产业规划、物流园区

① 关于推动日喀则市面向南亚开放大通道建设的提案的答复 http://swt.xizang.gov.cn/xxgk/jyta/202008/t20200806_164541.html

规划、物流业发展相关政策、审批核准物流业重大项目的重要依据。[①]

三、基础设施条件

2014年以来，西藏不断加强口岸建设力度。樟木口岸功能基本完善，吉隆口岸已经具备国际性口岸开放条件。共投入1.76亿元资金完成了吉隆口岸热索一线出入境检验基础设施建设、樟木口岸检验检疫中心等10个口岸功能配套基础设施项目。推进亚东，陈塘—日屋以及里孜口岸建设。总投资5500万元和4006万元的亚东仁青岗边贸市场和中印乃堆拉边贸通道香客旅检楼项目相继开工；总投资1238.33万元的陈塘—日屋口岸一站式服务平台建设、以及总投资978.6万元的陈塘—日屋口岸、总投资1557万元的里孜口岸区域出入境检查检验基础建设及附属设施等三个项目的前期工作也已完成。此外，加强电子口岸建设，依托平台积极推动“三互”（信息互换、监管互认、执法互助）口岸的“大通关”模式，开展“一地备案、全国报检，一地施检、全国互认，一地签证、全国放行”的全国检验检疫通关一体化改革。实施“属地申报、口岸验收”、“选择申报、口岸验收”、“属地申报、属地验收”等通关便利措施，积极参与“丝绸之路”经济带海关区域通关一体化改革。这些项目的建成运行都将进一步提升边境口岸对外发展水平，助力南亚边境陆路大通道建设。“十三五”期间，已落实中央预算内及商务专项资金共计1.21亿元（截至2019年底），实施了亚东仁青岗边贸市场（一期）、吉隆镇国际边贸市场、康马县涅如边贸市场等19个项目，边贸基础设施得到较大提升。[②]

---

① 西藏自治区“十四五”时期 现代物流业发展规划 _ 西藏自治区发展和改革委员会 http://drc.xizang.gov.cn/zwgk_1941/tz/202112/t20211229_276948.html

② 关于推动日喀则市面向南亚开放大通道建设的提案的答复 http://swt.xizang.gov.cn/xxgk/jyta/202008/t20200806_164541.html

四、进出口贸易方式

贸易方式方面，西藏一般贸易与边境小额贸易起共同支撑作用。2021年，西藏外贸进出口总值达40.16亿元，同比(下同)增长88.3%。其中，出口22.52亿元，增长74.1%；进口17.64亿元，增长1.1倍。其中，一般贸易进出口总值22.55亿元，增长1.0倍；边境小额贸易17.22亿元，增长78.1%。作为中尼贸易最重要的承担口岸樟木口岸，恢复对尼单向通关以来，积极回应尼方进一步提升过货量的要求，先后探索了三种过货模式，特别是推行货物集装箱甩挂出口通关模式以来，大幅度地提升了货物通关量，从恢复对尼单向通关最开始日平均通关量3辆提升到目前的日平均通关量13辆。2021年，樟木口岸出口货物量为4.95万吨，贸易额8.59亿元，分别同比增长203.68%和60.86%。在贸易主体中，西藏外贸民营企业主力军地位不断巩固，进出口25.68亿元，增长40.3%；国有企业14.03亿元，增长8.1倍；中外合资企业0.43亿元。西藏七市(地)中，拉萨市发挥领头羊作用，进出口36.17亿元，增长1.3倍；日喀则市和那曲市外贸规模亿元以上；昌都市、山南市、林芝市和阿里地区也在加快追赶步伐。①

五、进出口商品结构

随着西藏边境中尼、中印双边边贸交易的活跃和供需关系的增长，不仅交易形式由传统的“物换物”形势发展到现在的以人民币、尼泊尔尼币和印度卢币为主的现金交易等多种形式，而且双方交易的品种也在不断扩大，进出口货物由原来的以小商品和农产品为主，发展到现在的药品、

① 2021年西藏外贸进出口总值达40．16亿元
https://baijiahao.baidu.com/s?id=1724168910414587153&wfr=spider&for=pc

服装、金属制品、小家电等多种商品，其中，藏尼口岸贸易机电产品等高附加值产品的比重有所增加。但是尽管藏尼、藏印边境口岸（通道）的进出口商品品种不断更新，目前边境口岸进出口商品结构还是比较单一，主要集中在生活消费品方面，且藏印出口总体占比不高，高附加值产品占比较小。2021 年，在商品结构中，进口机电产品 14.36 亿元；消费品 1.68 亿元；医药品 1.63 亿元。同期，西藏出口劳动密集型产品 13.73 亿元，增长 61.6%；机电产品 5.40 亿元，增长 79.3%；农产品 0.77 亿元，增长 26.2%。[①]

第三节　制约因素

一、地理环境恶劣

西藏现有的 7 个陆路边境口岸，受地形、气候条件影响较大，建设空间普遍受限，地震、滑坡、泥石流、雪灾等自然灾害多发，建设成本较高。各边境陆路口岸均位于西藏生态屏障区内，限制开发或禁止开发的范围较大。

普兰、吉隆、樟木 3 个口岸都在喜马拉雅山的大裂谷里。险要的地势，恶劣的气候是这三个口岸所在区域的共同特征。普兰地处中、印、尼三国交界，平均海拔 4000 米，除 6–10 月份外，其余时间大雪封山，无法通行，虽有 219 国道通过，但尼泊尔、印度境内没有公路通达对方的口岸或边贸通道。吉隆口岸海拔 2100 米，中尼双边都有公路通达口岸，交通相对便利，但受地震等灾害困扰较多，每年大雪封山三、四个月。樟木口岸海拔 2400 米，虽有 318 国道和中尼国际公路通过，但地处高山且自然灾害频发，不利于

① 2021 年西藏外贸进出口总值达 40．16 亿元
https://baijiahao.baidu.com/s?id=1724168910414587153&wfr=spider&for=pc

口岸建设和市场规模的扩大。

日屋、里孜口岸均海拔较高，只能季节性开放。且无公路连接口岸，运输方式主要靠人背马驮。陈塘口岸平均海拔 2200 米左右，但地势险峻，只能徒步以物易物的方式互通有无。只有亚东口岸海拔 2800 多米，气候宜人，开放时间为每年 5 月到 11 月，地势较为开阔，中印双边都有公路通达乃堆拉山口。由此可见，除了亚东口岸交通相对便利外，其余 6 个口岸受气候条件、地理条件以及交通条件制约明显。且至今没有铁路从藏区内部直达边境口岸。

二、边境贸易水平低

西藏边境进出口贸易主要以附加值较低的初级产品为主，中高端产品交易极少。农牧业发展停滞不前，多为初级产品；受生态环境和人力资源等方面的制约，整个西藏地区的生产制造业仅仅处于初级阶段，发展缓慢；第二产业集中于资源开发型和劳动力密集型产业；第三产业以服务业为主，但是传统服务业设施水平过低。另外，西藏虽然拥有丰富的资源优势，但是在出口产品的深加工方面水平过低，缺乏精加工技术，人才短缺，大大制约边境贸易规模的扩大。

三、边境口岸交通设施发展滞后

随着青藏铁路、拉日铁路的通车以及新的铁路网络规划的出台，比如川藏（四川—西藏）、滇藏（云南—西藏）、新藏（新疆—西藏）等铁路，西藏与国内相邻地区之间交通日益便利。但是西藏与周围相邻国家之间的公路数量特别少，并且相应的基本交通设施也比较落后。尽管中尼公路已经建成，可以通车，但是还要受到气候条件的影响，而且过往车辆比较多，容易造成堵车，使得货物通关的速度比较慢，而2015年的“4·25”尼泊尔8.1级大地震，使西藏和尼泊尔边境贸易中交通设施受到了严重破坏，贸易来往也就受到了影响。

四、边境口岸开放国别单一

西藏目前共有7个对外开放口岸，包括1个航空口岸，6个对尼陆路口岸。其中，拉萨贡嘎机场为国际性航空口岸；樟木、普兰为国际性陆路口岸；日屋－陈塘为双边性陆路口岸，日屋－陈塘口岸科学规划“一口岸两通道”的发展模式；里孜口岸已列入国家口岸开放计划；吉隆自2014年12月1日，作为双边性陆路口岸启动运行，2015年5月，又被批准扩大开放为国际性陆路口岸。2017年4月，国务院批准西藏吉隆口岸扩大开放为国际性口岸；2018年1月，国务院批准吉隆口岸为药材进口指定口岸。西藏外邻印度、尼泊尔、缅甸、不丹四国，但是目前西藏对外开放陆路口岸均为中尼口岸，与印度、缅甸、不丹等国之间还没有开放口岸。西藏对外开放格局的局限性突出，对外经贸往来对尼泊尔存在着高度依赖性。

五、边境贸易方式单一

为了积极促进贸易方式多元化，尽管西藏以边贸市场建设为主要依托，大力发展边境贸易和边民互市贸易。但在西藏边境贸易中，由于边境地区交通、经济等比较落后，易货贸易仍是其主要方式，通过这种方式，双方互换货物，有进有出，且进出平衡。尽管这种贸易在西藏的边境贸易中发挥了很大的作用，但是缺乏市场化、多样性和灵活性，远远跟不上社会发展的步伐。而且这种方式交易的货物比较简单，初级产品和原材料的比重所占较大，经过深加工的贸易产品和具有高附加值的产品所占的比重相对较小，无法跟上日益现代化的贸易趋势。

六、资源优势未转化为产业优势

西藏的自然资源丰富，有水域资源、矿藏资源、太阳能、地热能、水能等资源，但能够开发的自然资源却不多。由于受西藏地区的技术和自然条件等多方面的限制，像地热能、风能、太阳能资源这样的能源，自身的价值并没有得到真正的实现，不能被有效地运用到工业当中。水能资源储量较为丰富，但已经开发的水资源还不到5%；藏药材、菌类、青稞等西藏天然的优势资源也没能形成产业链，没有转化为经济优势；西藏的矿产资源也比较丰富，但是它的开发利用率较低，较大部分停留在浅层次开发的层面，这些对西藏边境贸易的发展或多或少地产生不利的影响。

第四节　发展对策

一、加强交通网络体系建设

以国家高速公路、省道公路、沿喜马拉雅山边境横向国防战略通道、铁路和民航为重点，加快建设国家面向西南、西北经西藏通往南亚、西亚的陆路通道和空中走廊，北连丝绸之路经济带和陕甘宁青新经济区，东连川渝经济圈和香格里拉经济圈，南连孟中印缅经济走廊，提高与周边国家和地区基础设施互联互通水平，提升西藏在西部地区的交通枢纽地位。

二、加强口岸和边贸基础设施建设

优化对外开放口岸布局，重点建设吉隆口岸，科学恢复重建樟木口岸，加快发展普兰口岸，推动亚东口岸开放，完善拉萨航空口岸功能，加快建设日屋（陈塘）、里孜口岸。加快边境口岸地区城镇化进程，健全口岸城镇公共服务，新建、改（扩）建若干边贸市场和边民互市贸易点，完善传统边境贸易点，加强口岸查验通关、边境掌控等基础设施建设，打造“智慧边境线”，提高口岸通关效率，促进经贸人员往来便利化程度，提升口岸贸易便利化水平。

三、大力培育边贸经营者

引导企业加快结构调整、支持一批有发展潜力的新型外贸主体，加快形成有西藏特点的边境贸易新优势；支持企业开拓尼泊尔、印度等南亚市场；鼓励各边境地区培训、支持和宣传边民互市贸易大户；重点培育西藏外贸综合服务企业和跨境商务平台；重点支持西藏企业在边贸市场、边民互市贸易通道上设立“边贸仓”，在尼泊尔筹建“海外仓”。

四、积极建立“西藏边境自由贸易区”

充分发挥西藏沿边优势，借鉴内地其他省区做法，支持西藏在拉萨市建立“西藏边境自由贸易区”。自由贸易区先期覆盖拉萨经济开发区、柳梧新区、达孜工业园区。在边境自由贸易区内，实施贸易零关税、物流报税等特殊优惠政策，以跨境经济合作区推动西藏对外贸易的快速发展。

五、强化外贸出口基地建设

注重培育特色产业和自有品牌。努力推进培育一批生产规模大、技术装备先进、资源综合开发利用水平高的外贸龙头企业，以民族文化特色产品、旅游产品、高原特色农产品等特色产业为依托，推动外贸特色产业向“高起点、规模化、长链条”方向发展，推动资源优势向产业优势转变。

六、深化与周边国家经贸合作

推动减少中印乃堆拉边贸通道印度单方面限制清单。深耕尼泊尔市场，支持在尼泊尔等南亚国家建设面向南亚的国际营销网络。探索推进在尼泊尔建立西藏特色产品生产贸易基地，扩大自产产品出口能力。深化与毗邻国家的海关、检验检疫、标准、认证、国境运输等方面的合作，在强化传统货物贸易合作的基础上，积极探索和推动金融、水能、环保、清洁能源等新领域的投资合作，打造双边经贸合作升级版。

第八章　西藏绿色物流行业

第一节　发展形势

物流是供应链的一部分，不仅存在于原材料和半成品加工制造环节，还存在于通过产品向消费者提供服务的环节。我国对绿色物流的理论研究起步较晚，目前还没有统一的概念。绿色物流是指在物流过程中抑制物流对环境造成危害的同时，实现对物流环境的净化，使物流资源得到最充分利用。绿色物流包括物流作业环节和物流管理全过程的绿色化。[①] 从物流作业环节来看，包括绿色运输、绿色包装、绿色流通加工等。从物流管理过程来看，主要是从环境保护和节约资源的目标出发，改进物流体系，既要考虑正向物流环节的绿色化，又要考虑供应链上的逆向物流体系的绿色化。[②]

绿色物流是我国经济可持续发展战略的重要组成部分。它是物流发展和保护环境共存的成果，是新世纪现代物流发展的新方向，也是积极探索“绿水青山”就是“金山银山”的重要实践。发展绿色物流产业对于大力推进美丽西藏建设、促进西藏经济健康、可持续性发展最有较大的战略价值。

一、政策导向指引

绿色物流是实现经济效益、社会效益、生态效益，最终实现可持续发

① 定义来源：《中华人民共和国国家标准 – 绿色物流指标构成与核算方法 GB/T37099–2018》

② 王鑫 . 物流系统规划与设计 [M]. 北京：对外经济贸易大学出版社，2010–12–01.

展目标的重要手段。党的十九大把“坚持人与自然和谐共生”作为新时代坚持和发展中国特色社会主义的基本方略之一，对“加快生态文明体制改革，建设美丽中国”作出战略部署。

2020 年 3 月，国家发改委司法部出台《关于加快建立绿色生产和消费法规政策体系的意见》(以下简称《意见》)，明确促进服务业绿色发展目标和主要任务。《意见》提出，要完善绿色物流建设支持政策。加快建立健全快递、电子商务、外卖等领域绿色包装的法律、标准、政策体系，减少过度包装和一次性用品使用，鼓励使用可降解、可循环利用的包装材料、物流器具。健全再生资源分类回收利用等环节管理和技术规范。①《意见》还鼓励公交、环卫、出租、通勤、城市邮政快递作业、城市物流等领域新增和更新车辆采用新能源和清洁能源汽车。②《国务院关于加快建立健全绿色低碳循环发展经济体系的指导意见》（国发〔2021〕4 号），将推动绿色物流作为“健全绿色低碳循环发展的流通体系”的首要任务。加强生态文明建设和促进绿色低碳发展已经逐渐全方位融入经济、政治、文化、社会建设和产业链、供应链的全过程。

《“十四五”规划纲要》对现代物流业发展提出了明确要求。国家确立“3060”碳达峰碳中和目标，将西藏列为进行生态考核的主要发展区域，要求西藏现代物流业的发展应摒弃粗放式、低效式模式，重点促进绿色物流发展。③

在国家政策全方位的指导下，西藏出台《西藏自治区“十四五”时期

---

① 引自：《关于加快建立绿色生产和消费法规政策体系的意见》【印发《关于加快建立绿色生产和消费法规政策体系的意见》的通知(发改环资〔2020〕379 号)】– 国家发展和改革委员会 https://www.ndrc.gov.cn/xxgk/zcfb/tz/202003/t20200317_1223470.html?code=&state=123

② 引自：《关于加快建立绿色生产和消费法规政策体系的意见》【印发《关于加快建立绿色生产和消费法规政策体系的意见》的通知(发改环资〔2020〕379 号)】– 国家发展和改革委员会 https://www.ndrc.gov.cn/xxgk/zcfb/tz/202003/t20200317_1223470.html?code=&state=123

③ 引自：《中华人民共和国国民经济和社会发展第十四个五年规划和 2035 年远景目标纲要》

现代物流业发展规划》，积极发展绿色物流，从绿色运输、绿色仓储、绿色物流平台建设等方面提出相应策略，促进西藏绿色物流持续健康发展。

国家和自治区出台的绿色物流相关政策为西藏绿色物流的发展提供了有力保障，西藏以增强生态环境保护为首要目标，积极发展绿色物流，促进经济的可持续、绿色健康发展。

二、关注民生需要

西藏是重要的生态安全屏障，也是重要的高原特色农产品基地，在加快促进西藏经济快速发展的同时必须考虑到西藏地理位置的特殊性、生态环境的脆弱性，把生态与经济发展并列，强力推进国家生态安全屏障建设，贯彻绿水青山就是金山银山、冰天雪地也是金山银山的绿色发展理念。

随着西藏经济的不断发展，社会公众文明意识、环境意识逐渐增强，形成了一种新的消费观念——绿色消费。绿色消费观念是指消费者在关心产品的功能、款式、和价格的同时关注产品的环境性能，即更倾向于购买绿色、环保，使用可再生资源品类的产品。绿色消费需求推动绿色消费市场的兴起，对企业提出了绿色产品设计和生产的要求，促使企业实施绿色行动，提供环境友好型的产品和服务。绿色消费和绿色生产需求的增加必然引致绿色服务需求的增加。物流是企业向消费者提供产品和服务的必不可少的环节，要实现生产市场到消费市场全过程的绿色化，就要加强物流的绿色化，构成绿色生产、绿色运输、绿色消费的完整链条，从而实现节约资源、保护环境的绿色经济循环系统。[①]

① 绿色物流 [M], 王长琼编著，北京，化学工业出版社，第 6 页 .

三、确保生态安全

为确保西藏青山常在、绿水长流、空气常新，坚持以绿色发展为导向，西藏着力打造绿色物流，力争在“十四五”期间促成从运输到仓储，再到平台的全方位升级，实现边贸物流整体绿色、高质量发展。

建设高效率、智能化的绿色运输网络。西藏近年来集中发展立体交通网络，大力推行新能源交通运输。建立了铁路、公路、航空“三位一体”的物流运输立体交通网。与此同时，推广使用大型化、厢式化、专业化货运车辆，保障运输专业化和安全性。鼓励发展集装箱运输，优化运输结构和资源配置，试行“城市共同配送班车”“城际货物快运列车”等模式，扶持多式联运、甩挂运输等业态，更好发挥铁路运输能力，降低汽车空载率。优化运输、配送路线，支持企业开展共同配送，减少迂回运输、重复运输，提高资源利用效率。[①] 避免运力空置，低效运输，做到提升运力的同时降低排放。在城市配送领域广泛使用新能源设备，提升交通运输绿色化、智能化水平，促进节能减排。

建设高效能、可循环的绿色物流仓储。在扩大仓储规模的基础上，突出发展绿色仓储，建设生态绿色物流园区，建立环境友好型的仓储基地。积极吸引大型优质物流企业，鼓励企业采用低能耗、低排放运输工具和节能型绿色仓储设施，优化仓储环境，提高仓储质量，打造环境优美，节能高效的仓储服务基地。推广采用绿色包装，使用可回收材质的包装材料，引导快递企业循环使用包装材料，推广托盘等标准化器具及循环共用，建立起绿色仓储的量化指标考核体系，把仓储和运输环节的损耗降至最低，构建循环物流系统。在物流枢纽推广使用新能源汽车等绿色载运工具和装

① 引自：西藏自治区“十四五”时期 现代物流业发展规划 _ 西藏自治区发展和改革委员会 http://drc.xizang.gov.cn/zwgk_1941/fz/sswzx/202112/t20211229_276947.html

卸机械，提高效率，减少碳排放，支持节能环保型仓储设施建设，与国家碳达峰碳中和目标保持同步。

建设全流程、可持续循环的绿色物流平台。贯彻垃圾分类标准，建立完善的废弃资源回收利用体系，集合工业品和生活物资回收站点、集散中心、废旧物资加工企业等相关资源，推进废旧物资绿色物流平台建设，打造“社区回收点—废旧物资集散中心”为支点的居民生活回收网络和“工业企业回收点—工业园区回收中心—城市工业品回收物流园区（中心）”工业品回收网络，延长废旧物资回收—再生产链条，提高资源整合利用率，实现物流废弃物品“变废为宝”。推动形成“回收—集散—再加工利用”的循环经济型生态发展模式，落实废弃物社区回收、企业回收，建立智能化回收体系和数字化动态监管模式，杜绝生态环境破坏事件发生的可能性。完善废弃物分类体系建设，对有害废弃物坚决进行销毁或集中处理，对可回收利用废弃物进行分类集散，做到物尽其用。鼓励企业对物流包装等工业制品采用回收材料、可循环利用材料，降低企业成本，提升利润空间。打造整合多方位、多环节，具有完整产业链的绿色物流平台。

第二节　发展现状

一、绿色运输

绿色运输是通过对运输工具和运输路线进行合理的选择，实现节能减排从而减少环境污染，运输方式可采取共同配送、多式联运或第三方物流等。

（一）货运枢纽建设不断完善

物流业与交通业的有效融合是促进西藏绿色运输的最佳方案。西藏物流企业依托货运枢纽完成仓储、包装、加工、货物专项配送等物流服务。

随着货运站不断向多式联运中心的转变，“公铁”、“陆空”等物流服务联盟得到有效发展，逐步实现货物物流组织形式的无缝衔接，为物流企业进行绿色发展提供了大力支持。物流园区（中心）是绿色物流的载体，拉萨市现代综合物流园区，林芝、日喀则、那曲等地区综合客运枢纽和货运枢纽的建成将推动西藏绿色物流快速发展。据统计，“十三五”期间，西藏累计完成客运量 4531 万人次，客运周转量 120.21 亿人公里，完成货运量 1.44 亿吨，货运周转量 548.36 亿吨公里。在道路客运业发展方面，“十三五”以来，西藏共有道路客运经营业户 86 户；共有客运车辆 4635 台，其中班车 1655 台，旅游车辆 2864 台；累计开通客运班线 509 条；共建成等级客运站 71 个，招呼站 361 个。在道路货运业发展方面，西藏已建成道路运输货运站 13 个；西藏共有道路货物运输经营业户 33002 户，危险货物运输经营业户 35 户，其中货运车辆 50287 台、危货车辆 817 台。西藏交通运输部门还坚持城市公交优先发展战略。2021 年，西藏各地市全部实现了公交车运营全覆盖，公交智能化发展也迈进一大步，拉萨公交实现与全国交通一卡通的互联互通，移动支付得以广泛应用。此外，西藏已发展新能源公交车 489 台，占公交车总量的 67.45%。①2021 年 4 月，西藏航空与四川机场集团、双流区政府签订战略合作协议 加强货运枢纽建设，打造精品商旅航线。②

（二）邮政快递业发展态势良好

作为第三方物流的典型代表，西藏邮政快递企业服务能力不断提升，业务总量稳步增长。据统计，2020 年，全年西藏邮政行业业务收入（不包括邮政储蓄银行直接营业收入）完成 6.87 亿元，同比增长 9.00%；业务总量完成 4.99 亿元，同比增长 4.10%，全年快递服务企业业务量完成 1138.97 万件，

① “十三五”以来西藏交通运输发展综述：织密团结线 铺就幸福路 _ 西藏新闻 _ 中国西藏网 http://www.tibet.cn/cn/news/zx/202103/t20210302_6963496.html

② 西藏航空与四川机场集团、双流区政府签订战略合作协议 加强货运枢纽建设，打造精品商旅航线 _ 旅游 _ 中国西藏网 http://www.tibet.cn/cn/travel/202104/t20210412_6988017.html

同比增长 15.39%；快递业务收入完成 3.53 亿元，同比增长 22.07%。[①]2021 年，西藏邮政行业业务收入（不包括邮政储蓄银行直接营业收入）累计完成 8.26 亿元，同比增长 20.11%；业务总量累计完成 5.16 亿元，同比增长 15.85%。西藏快递服务企业业务量累计完成 1485.17 万件，同比增长 30.40%。快递业务收入累计完成 4.95 亿元，同比增长 40.17%。快递业务投递量 6026.65 万件，同比增长 35.32%，且继续保持较快的发展和增长势头。[②]

二、绿色包装

近年来，西藏快递业发展迅速，但快递业务量中约 60% 来自于电商物流，因此产生大量的固态垃圾，对环境造成破坏。绿色包装是指通过选择可回收、易降解、无污染的材料进行包装的方式，从而更好地节约资源、保护环境。

西藏的生产资料相对匮乏，在完善绿色运输通道的同时，也要对货物的包装进行改良，尽快实现可循环使用、易降解、环保的绿色包装。目前西藏的大部分物流企业抛弃了传统的笨重的木制包装箱和大量消耗资源的纸质包装箱，而改用周转架来完成货物的运转。采用绿色包装，有效缩短了包装的拆装时间，提高了作业人员的工作效率，还在很大程度上节约了运输成本。据核算分析，其“绿色包装”与传统的木箱包装相比，包装物重量减轻 22%，包装和拆包时间平均减少 65%，包装材料的循环使用次数可以提高 5–7 倍，综合成本可下降 8%，可每年节约原木 5.7 万立方米，相当于少砍伐 670 公顷的森林，有效保护西藏绿水青山的生态环境 4。

---

① 2020 年西藏自治区邮政行业发展统计公报

http://xz.spb.gov.cn/xzyzglj/c100062/c100149/202106/9a47e0867da745b89f82f2aa37e208d9.shtml

② 西藏自治区邮政管理局公布 2021 年 1–12 月份邮政行业经济运行情况

http://xz.spb.gov.cn/xzyzglj/c100062/c100149/202201/4a965ae8157b4ae8ac1beedc9bf25f2f.shtml

三、废弃物物流

废弃物物流主要是指将经济活动中失去原有使用价值的物品，根据实际需要进行收集、分类、加工、包装、搬运、储存，并分送到专门处理场所时形成的物品实体流动。[①] 比如，京东推出的“清流计划”——可回收绿盒子，由专业人员回收包装材料，之后将包装材料再利用或集中分解、降解以此减少物流包装对环境造成的破坏；阿里巴巴菜鸟网络联合中华环境保护基金会开展的“回箱计划”环保行动，采取包装材料替代、点对点回收和设立绿色账户等措施以达到包装物回收率的提高；还有顺丰推出的四款包装黑科技：循环包装箱“丰·BOX”、可拉伸缓冲珍珠棉、冷链五彩冰盒、以及同城配送双温箱。各物流公司都在践行绿色物流理念，加快绿色科技创新，带动全行业进行绿色发展。

第三节　制约因素

一、行业规范体系亟待建立

近年来，虽然国内对绿色发展越来越重视，颁布了许多有生态环境保护相关的政策、法规，但截至目前并未出台针对绿色物流行业发展实施细则的相关政策法规。西藏自治区发布的关于绿色物流行业发展的政策文件形式也只限于规划、意见和纲要层面，缺少绿色运输、绿色包装、废弃物循环处理等绿色物流相关的规范准则。政策法规的缺失不仅使得物流企业对绿色发展认识不足，难以调动企业实施绿色物流的积极性，还无法参照行业规范准则监督、管理物流企业的绿色发展执行情况。

---

① 何海军.《企业物流管理》[M]. 北京：北京理工大学出版 .2009.

二、绿色消费意识薄弱

虽然国家已出台多份政策文件提倡绿色发展，但绿色物流的概念近几年刚在国内兴起，还未引起民众广泛地重视。同时，西藏自治区由于地理位置的特殊性受交通运输环境限制，整体物流发展水平较国内其他省区仍有较大差距，绿色物流观念尚未普及，政府和企业更注重物流带来的经济效益，对绿色物流涉及的绿色生产、绿色包装、绿色运输、绿色配送等形式的认识仅限于义务性规范，并未认识到绿色物流持续发展带来的长期经济效益。另外，消费者也缺乏绿色消费意识。例如在网购过程中，消费者需要确保商品质量的同时注重包装质量，由此引致生产商和销售商的过度包装，造成了资源的浪费，不利于绿色环保。近年来，虽然部分电商已为消费者在购物平台中提供可循环包装的配送选项，但愿意选择可循环包装配送的客户寥寥无几，此类现象同时出现在快餐外卖的一次性餐具需要性选择中，即便是外卖到家，消费者普遍还是会选择一次性餐具配送。以上现象说明绿色意识薄弱是社会性的、普遍性的，因此需要政府积极推动并采取相关有利措施加强社会中绿色意识的树立。

三、企业发展绿色物流自主性不强

绿色物流涵盖绿色包装、绿色运输、绿色流通加工等形式，企业发展绿色物流能动性不足，一是因为企业自身缺少绿色环保意识，对绿色物流能够带来的长期经济效益及可持续发展的长期目标认识不到位；二是缺乏可参照的行业规范标准，即便物流企业主观上愿意响应国家号召实施绿色发展，但由于不存在具体的实施细则，也无激励或惩治措施，因而在现实中难以贯彻落实；三是西藏乃至国内目前发展绿色物流的企业少之又少，只有顺丰、菜鸟等个别经营模式成熟的物流企业陆续试水，但实施效果并不明显。四是企业的经营目标往往是在运营稳健的基础上追求利润最大化或成本最小化，但发展绿色物流短期可预计的经济利益并不明显，反而可预见的是由于绿色包装、绿色运输可能造成更大的成本，因而对大部分中小物流企业而言，与其冒险转型还不如持续观望，这也是生产企业和物流企业实施绿色物流能动性不足的根本原因——缺少利益驱动。

四、绿色物流技术缺乏创新

绿色物流体系的建立和发展，不仅需要顶层设计的可持续发展理念和绿色物流行业的政策支持及制度规范，还需要在企业发展层面提供先进技术和科技设施创新支持。

虽然西藏一直在加强物流基础设施建设，截至目前已经建成那曲物流园区、拉萨物流园区等区域物流枢纽，正在加快建设日喀则南亚综合物流园区、林芝综合物流园区、昌都经济开发区物流园区等物流枢纽节点，部分园区虽然具备绿色物流发展的基本功能，但绝大部分物流企业的信息技术管理水平有待提高，物流信息共享平台尚未建立，无法做到货物运输途中的实时追踪，库存信息的查询比较滞后，明显影响物流运行的效率以及服务质量，没有做到物流资源的有效配置。另外，西藏目前使用的物流机械设备陈旧，大多“老年机”笨重而运行迟缓，不仅影响效率还会造成一定的资源浪费，与绿色物流相匹配的机械设备还有较大差距。

五、绿色物流人才匮乏

专业人才是行业发展的必备要素之一，然而目前国内和西藏物流行业普遍面临的问题是绿色物流人才市场供不应求，这成为影响企业发展绿色物流的主要制约因素之一。究其原因，可以从以下几个方面进行探讨。

绿色物流在近些年逐渐受到重视，国内部分经济发展较快的省份相对注重绿色物流人才培养，在各高校陆续开设物流相关专业。但西藏高校目前只有一所高职院校设有物流相关专业，加之高校培养物流人才的周期较长，招生人数有限，每年培养出的物流相关专业毕业生不过几十人，难以解决西藏绿色物流人才缺口的燃眉之急。一方面原因在于对物流行业的人才缺口认识不到位，缺乏开设该类专业的自主性；另一方面原因是物流方向师资力量薄弱，难以满足本、专科学校的物流相关专业教学工作要求。

物流理论型人才的实践能力差。高校对学生的教育本质意愿是培养理论、技能兼备型人才，但在实际教学中往往因为缺少实践机会而偏理论教学，实践教育边缘化、平面化，最终导致理论与实践脱节，培养出的物流专业毕业生入职后还需要经过较长时间进行专业技能培训之后方可完成作业。

现有物流从业人员理论水平良莠不齐。目前物流业拥有大量具备实操经验的从业人员，但现有从业人员的学历普遍较低，缺少物流管理相关的专业理论知识，只经受过短期的职业培训便上岗，工作内容也仅限于一些传统的流水线工作，缺乏专业性。

因此，西藏严重缺少理论知识与实践经验兼备的复合型人才来驱动西藏的绿色物流产业发展。

第四节　发展对策

一、制定绿色物流相关政策法规

为促进西藏绿色物流的规范发展，西藏自治区政府应根据区情尽快制定物流业相关政策法规。

一是鼓励绿色运输。目前西藏物流活动的运输方式仍以通过燃油汽车的陆路运输为主，随着物流活动与日俱增，汽车尾气造成的环境污染问题较突出。政府可出台相关政策要求物流企业通过网络系统合理规划运输路线，确定最优路径，减少重复运输；同时要求物流企业进行整合，开展共同配送，提高物流效率，提高车厢装载率，降低汽车尾气排放量和运输成本，更合理的资源进行有效配置；另外鼓励物流企业改以电动汽车作为运输车，亦能有效减少汽车尾气的排放，降低环境污染，促进西藏绿色物流的可持续发展。

二是提倡绿色包装。产品包装作为消费者对购买产品的关键评价标准，企业往往为提升客户体验而倾向于过度包装。然而包装材料大多是一次性的难降解塑料或纸箱，消费者收到货品之后随之即将包装丢弃，造成资源的浪费，环境的污染。对此，政府可出台相关政策要求包装材料生产商限量提供传统一次性难降解塑料及纸箱包装给电商物流企业，以可循环使用，可回收、无污染、易降解的包装材料代替，强制要求物流企业提升绿色意识，坚持绿色发展。

三是加大监管力度。政府在出台物流相关行业规范标准的政策法规同时要制定针对违反规定的企业给予相应的处罚标准。对未按照政策法规标准执行的企业，视在物流运作中产生的污染和浪费严重程度给予一定标准的处罚措施，加大政府及行业协会的监管力度，引起物流企业的重视。

二、加强绿色物流意识

（一）企业树立绿色物流理念

在政府相关绿色物流政策的引导下，企业必须尽快树立“环保、生态、绿色”的物流管理理念，积极相应政府号召，加深对绿色物流带来长远生态效益、经济效益和社会效益的认识，从行动上向绿色发展转变。以政府相关政策法规要求标准为准绳，加强行业间协作，行业内带动，将节约资源、减少垃圾、降低污染作为企业的长期发展目标，坚持绿色生产、绿色加工、绿色包装、绿色运输、绿色配送的常态化、全流程绿色物流服务。长此以往，绿色物流企业必将树立良好的绿色企业形象，赢得消费者的信任和支持，创造更高的企业价值、更可观的效益回报，有效促进西藏绿色物流产业的可持续健康发展。

（二）消费者秉持绿色消费理念

绿色物流发展离不开消费者的支持，消费者的绿色消费理念对绿色物流链条长短及运行状态有重要影响。从绿色供应链良性管理角度来看，应对消费者正确引导，强化广大消费者对绿色消费的认知，促进消费者积极、主动支持绿色物流，并放心享受绿色物流服务，实现绿色良性循环发展。①

引导消费者树立绿色消费理念，提倡低碳消费，促进消费品的循环使用和共享使用。在具体实施层面，一是要加强舆论宣传，进行绿色消费教育，在全社会形成浓厚的绿色消费氛围，促使民众形成绿色消费习惯；二是由消费端对销售端的绿色执行情况进行监督，消费者可针对生产商、销售商存在的过度包装、一次性产品泛滥等情况进行投诉，形成社会性监督机制，助力绿色物流快速发展。

三、健全绿色物流激励措施

促进绿色物流的长足发展需要在实行监督机制的同时完善激励措施，对主动贯彻落实绿色、环保发展的物流企业给予相应的资金支持是有效推进绿色物流实施的重要手段。

首先，税收优惠。税收是影响企业净利润的关键因素之一，企业推行绿色物流管理需要耗费更多的营运成本，这也是企业发展绿色物流能动性

① 吕晓敏，耿建新，梁程智．绿色供应链助力产业转型升级[J]. 中国国情国力 .2020 年 3 期．

不强的根本原因。如果能够在税收上给予相应的优惠政策和绿色补贴作为对使用新能源汽车运输、使用可降解材料包装、积极回收利用废弃包装材料的物流企业的补偿，可以有效解决绿色物流企业的后顾之忧，激励物流企业坚持绿色发展理念。

其次，借贷支持。物流企业在进行绿色转型时首要考虑现有资金运转状况、利润回报周期等因素，启动资金不足是绿色物流企业面临的普遍困境。政府可与当地金融系统沟通，对履行绿色发展的物流企业给予贷款条件放松、贷款利率优惠等适当的信贷支持，助力物流企业加快完成绿色转型。

最后，设置模范企业奖励金。对绿色转型成功，社会效应良好的绿色物流企业给予一定的奖励金，并颁发“绿色物流模范优质企业”证书，并大力宣传，形成社会性带动效应，吸引尚未进行绿色发展的物流企业及上下游行业尽快向绿色发展转型。

四、加快绿色物流技术创新

绿色物流发展最关键的技术便是在物流活动的每个环节都必须使用的信息化技术。在物流运输过程中，信息技术用于选择最合理的运输工具和最有效的运输路线；在物流信息传递中，信息技术用于准确地传递物流信息，减少派发误差；物流企业可以将信息化技术与供应链物流融合，建立大数据平台，实时追踪途中物品的具体位置，确保物品运输安全；同时，企业可以把物品的收录、运输、仓储、废物和包装回收等都建立实时追踪平台，实时掌握全时段物流信息，避免造成不必要的环境污染和资源浪费。

另外，西藏自治区政府可鼓励生产企业、销售企业开展第三方物流和共同配送，将物流业务外包，避免企业依靠内部自营物流服务产生的资金占用多、运输效率低、配送环境冗杂、企业负担加重等问题。同时在消费者较集中的地区增设物流中心、配送中心、货运站等物流基础设施，以区内统一的公共物流信息平台即时发布配送指令，使第三方物流企业通过共同配送做到定时、定点服务，有效缩短实际配送距离，使配送效率得以提高的同时还可以降低物流成本。

五、培养绿色物流人才

专业绿色物流人才的缺失是阻碍西藏绿色物流发展的主要因素之一。鼓励西藏高职以上学校开设现代物流专业课程，形成与绿色物流相关的环境科学多层次学历教育，同时强化高校物流师资队伍建设，提升物流教育水平，为西藏绿色物流管理培养专业人才，为绿色供应链物流发展提供内生动力。

校企联合培养专业人才。物流企业应加强与西藏高校之间的合作，支持学校建立实习实践基地，接收物流相关专业学生到企业实践，让专业人才在绿色物流运作中理论知识得到检验、实践技能得以提升，实现学以致用。同时，政府要加大对绿色物流专业人才教育的资金投入力度，促进形成多学科支撑与多层次并重的物流专业教育机制，物流专业学生树立职业素养，把绿色理念贯彻在院校培养人才的每个流程中。

组织从业人员定期参加绿色物流专业化培训。西藏物流业协会应积极组织物流从业人员定期进行组织系统化培训，通过培训更新从业人员的绿色物流管理理念，传递最先进、最前沿的绿色物流专业知识，加强从业人员的专业技能和实操水平，以此提高绿色供应链物流管理效用，真正为绿色物流业发展储备优秀人才，有效解决西藏绿色物流产业专业人才的需求与供给之间的矛盾。

第三篇　案例篇

第九章　西藏边贸电商物流总体推进概况

第一节　总体规划①

一、总体要求

坚持以习近平新时代中国特色社会主义思想为指导，全面贯彻党的十九大和十九届二中、三中全会精神，贯彻习近平总书记关于治边稳藏的重要论述和一系列重要指示批示精神，统筹推进“五位一体”总体布局，协调推进“四个全面”战略布局，坚持以人民为中心的发展思想，坚持稳中求进，进中求好、补齐短板的工作总基调，结合区情，收缩战线，以整区推进电子商务进农村综合示范工作为抓手，聚焦脱贫攻坚和乡村振兴，加强农牧区流通设施建设，提升公共服务水平，聚焦特色优势资源，促进产销对接，构建普惠共享、线上线下融合，工业品下乡和农产品进城畅通的农牧区现代流通体系，努力开创具有西藏高原特色的电子商务发展道路。

① 引自 2020 年《西藏自治区电子商务进农村综合示范整体推进工作方案》西藏自治区商务厅 http://swt.xizang.gov.cn/xxgk/dzsw/202007/t20200710_162067.html

二、发展目标

力争利用现有经开区（园区）等资源完成“1 个自治区电子商务公共服务中心 +7 个地（市）级公共服务中心 +47 个县（区）级服务中心 +N 个重点乡村站点”体系建设和空间布局，并与前期 27 个国家级电商进农村示范县实现全面对接，建立智慧乡村综合服务体系，涵盖产业大数据、智慧乡村运营子体系等，服务覆盖西藏所有县，形成“西藏一盘棋”的局面。以数据为驱动，在农牧区基本实现电子商务常态化运营，大多数农牧民能上网、农产品能上行，工业品能下乡，能为农牧民，大学生提供就业创业平台，农牧区电子商务发展政策、发展环境、工作制度和长效机制等基本形成，电子商务物流成本有所下降，农牧区流通现代化水平显著提升，初步形成具有自身特色的电子商务进农村发展模式，缓解农牧区供给不充分、不方便、不实惠，不安全的问题，助推西藏七大产业高质量发展，形成一批可复制、可推广的经验模式。

三、建设规划

通过开展“一个中心（即自治区公共服务中心）、三个方面（即农牧区流通基础设施方面、农牧区电商公共服务体系方面，农牧区电子商务培训方面）”建设工作，加强电商扶贫，做好平台、产销、农校、农企等对接，减少流通环节，提高流通效率，打造“互联网 + 旅游 + 农产品”运营模式和智慧乡村综合服务体系，探索“公共服务中心 + 乡村电商服务站点、合作社、供应链企业 + 贫困户”等帮扶机制，推动农牧区发展、农牧业升级、农牧民增收，做到“五有、五抓、两助力”，即有领导机构、有工作方案、有平台站点、有仓储基地、有配套支持，抓培训、抓品牌、抓物流体系、抓营销、抓园区、助力脱贫攻坚，助力乡村振兴。

第二节　建设内容

一、自治区级建设内容

充分利用现有资源，建设自治区电子商务公共服务中心，主要开展公益性农牧区电商服务和整体推进统筹协调工作，为政府提供决策依据，构建农牧区电商服务体系等。推进各级电子商务公共服务信息互联互通、资源灵活配置，服务联动协同。开展自治区农产品品牌的标识管理、应用和保护，打造营销体系的公共品牌，建成区市县产品品牌、企业品牌三级品牌联动体系。建立自治区农产品溯源体系和质量保障体系，将产品质量安全追溯平台等信息共享平台数据对接，适时公布有关生产者、流通者的诚信状况，实行失信惩戒机制，开展区、地（市）、县（区）相关行政人员的电子商务进农村综合示范的集中培训，普及电子商务知识、转变经济发展思维和管理模式，促进行业转型升级，并向西藏提供在线培训。开展西藏线上及线下产业、商品、交易、物流、商贸、服务站点管理及运营、农牧民等相关数据资源的采集、整合、开发和应用。

统筹协调西藏电商物流体系建设，采取资金补贴、政策扶持等多种形式支持物流发展，资金补贴支持形式原则不超过两年。选择专业大型物流公司作为承办企业，相关部门承办企业整合现有物流资源，采用构建“点、线、网”的农牧区物流网络的思路，推动物流体系建设；开发建立自治区统一的、适应“工业品下乡、农产品进城”双向流通需要的农牧区电商物流信息服务管理系统。

二、地（市）级建设内容

（一）农牧区流通基础设施方面

建立农产品电子商务营销服务体系，依据产业大数据，智慧乡村运营和新媒体体系，打造“农牧文旅融合”新样板，依托电子商务实现农旅结合，文旅相融，利用互联网平台打造闲置民居改造升级实现经营、加强藏乡田园景区景点物联网建设等方式实现电商乡村旅游扶贫。遴选出各地市优质的民俗旅游产品或产品进行互联网化品牌和商品开发、培育和推广，建设线下产品展示展销中心，力争实现特色产品线上线下销售与观光旅游、休闲体验结合的模式；利用援藏资源，建立区外销售渠道，加快拓宽农产品区外市场，探索发展边贸跨境电商，以及发展跨境电商，推动边境贸易转型升级，创新边贸扶贫，引导边民致富、建设农产品电子商务供应链体系，做好产品质量安全检测，实现对各类产品从源头到终端的检测和追溯要求，整合现有物流资源，建立地（市）级物流分拨中心或物流园，集聚快递物流企业，实现统一分拣、统一配送，促进快速高效运输投递。

（二）农牧区电商公共服务体系方面

建设规模适度的地（市）级电子商务公共服务中心和电商产业园，公共服务中心设立在电商产业园内，坚持政府引导和市场运作相结合，充分利用现有园区进行改造建设，推动西藏自治区电子商务聚焦布局，依托准确数据信息，培育电子商务平台和电子商务企业快速发展，带动相关产业链发展，带动当地群众脱贫致富。地（市）级电子商务公共服务中心摸清并深入分析属地电子商务及相关情况，开发、整合当地的市场资源，为辖区内企业、服务中心，乡村服务站、农牧民提供相应的商品和服务；针对属地电子商务发展情况，可规划大数据、办公、培训、洽谈、特色产品020体验、电商孵化、网络直播等功能区；引导本地企业、平台、直播群体、农牧区经营主体，经济合作组织等多方力量共同参与农牧区电商。

（三）农牧区电子商务培训方面

各地市依托创业孵化中心，采取与职业学校合作等多种方式，开展面向农牧民、未就业大学生、返乡人员，退伍转业军人，已脱贫户和边缘户等创业孵化和技能提升培训，培养电子商务应用型人才；对企业、合作社负责人、农畜产品经纪人等提供电商实操运营培训，为进入开展电子商务的企业和合作社等，提供网上开店、市场推广、运营维护等市场化增殖培训，加强培训跟踪，制定长期培训计划，如实做好培训记录，进一步完善培训后服务机制，确保培训实效，有条件的地市可设立电商培训基地，培养师资队伍，解决农牧区电商人才匮乏的瓶颈问题。

三、县区级建设内容

（一）农牧区流通基础设施方面

为建立农产品电子商务营销管理服务体系和供应链体系做好基础工作，依托智慧乡村服务站点运营体系，开展实地信息收集整合、实地调研、策划、编印产品目录库、网货手册及网店经营公共数据包等，对辖区内产品的生产和销售情况（包括生产面积或产量、上市时间、质量和技术水平、传统销售渠道及比例、自主品牌拥有情况、农产品电商企业）进行全面摸底，掌握自身相关情况。

建立完善县、乡、村三级物流体系，与公共服务中心合并形成县级物流中心，具备县级物流包裹快递的集散、分拣、配送等基础功能，实现县级共配，统一分拣、统一配送；在有条件的地方与服务站点合并并建立乡镇物流中转站和村级物流服务点。

（二）农牧区电商公共服务体系方面

在交通便利，方便群众办事的地方，充分利用现有设施设备、闲置厂房，建设改造县级公共服务中心，具备网销网购、在线支付、人员培训、文案策划、咨询服务、产品展示等基础功能。建立在乡、村电子商务服务站点，按照统一风格、统一标识的要求，依托万村千乡农家店、邮政网点、农牧区超市、农民经济合作经济组织等现有场地和资源改造建设，同时赋能有条件的乡村站点，建设智慧乡村管理应用和运营体系，加强政策和基层民意的上传下达，为农牧民提供如何宣传、数字化惠民服务、扶贫带贫等服务，同时加强基础数据搜集。建设农畜产品分级、包装、预冷等产地初加工和商品化预处理车间，完善产、供、销全链条服务，提高农畜商品商品化率。

（三）农牧区电子商务培训方面

开展农牧区电商基础普及、电商扶贫、服务技能等应培人员的摸底调研工作，形成应培人员档案库，按照所属地市的培训计划，做好宣传和人员组织工作。重点加强对农村创业致富带头人和适合参与电商工作的已脱贫户和边缘户的针对性培训，帮助其在电商企业就业或自主创业，运用电子商务发展新理念带动乡邻共同致富。以县和有条件的乡村站点为单位，组织专家远程在线培训，解答本地居民在生产、生活、销售、投资、消费过程中遇到的问题，建立在考核机制，确保工作取得成效。

第三节　推进措施①

2021 年，西藏商务部门以电子商务进农村综合示范工作为抓手，从六个方面不断推进电商物流促消费增长：

一是健全电商公共服务体系。加快实施电子商务进农村综合示范工作，构建农牧区电商服务体系，扩大农村电商覆盖面，截至 2021 年底，西藏西藏已建成自治区级电子商务公共服务中心 1 个，地市级服务中心 3 个，县

① 2021 年西藏电子商务发展势头强劲 _ 西藏自治区商务厅 http://swt.xizang.gov.cn/xwzx/swyw/202201/t20220118_280079.html

级服务中心 43 个，乡镇服务站点 273 个，村级服务站点 817 个。

二是畅通电商物流网络。积极构建“点、线、网”的农牧区流通网络，推动物流体系建设。截至 2021 年底，西藏已建成自治区级大件仓储中心 1 个、中小件仓储中心 1 个、分拣中心 1 个、冷库 1 个，地市仓储分拣中心 3 个，已基本建成县级仓储运营网点 43 个（其中边境县 16 个，覆盖率 76.2%）。“三通一达”大型物流公司已覆盖所有县，整合邮政物流已基本覆盖所有乡村。物流网络建设整合后，京东上行物流价格每公斤下降 3 元。特别是整区推进项目实施后，约 40% –50% 的客户下单商品，能够从本地仓发货，最快可实现当日达、隔日达。

三是加强电商品牌培育。2021 年，共向中国电商乡村振兴联盟“三品一标”认证帮扶项目工作小组推选 12 家帮扶企业，其中 6 家已获商务部乡村振兴免费帮扶认证。统计各地市县域农特产品电商平台销售情况及拟拓宽销售名单，充分发挥大型电商企业作用，推动县域特色优质农产品上行。

四是开展电商专项促消。积极组织电商企业开展“居家嗨购网上过年 2021 全国网上年货节”主题活动。根据数据显示，春节、藏历新年期间西藏线上消费额达 5.25 亿元，其中，城市线上消费额 3.91 亿元，同比增长 103.07%；农村线上消费额 1.34 亿元，同比增长 97.56%。举办第三届“双品网购节”，4 月 28 日 –5 月 12 日活动期间，西藏网络零售额 4.07 亿元，同比增长 79.06%。西藏推荐的 5 家电商企业线上线下销售额累计实现 867 万元。“6 · 18”期间西藏实现网络零售额 7.15 亿元，同比增长 80.12%，增速排全国第一。“双十一”购物节期间，西藏实现网络零售额 18.7 亿元，同比增长 44.8%。

五是助力乡村振兴。2021 年，西藏农产品实现网络零售额 17.2 亿元。其中，传统滋补、休闲食品、生鲜食品排名前三，零售额占比分别为 76.7%、11.6%、9.8%。冬虫夏草、灵芝 / 孢子粉、肉干肉脯产品热销。截止 2021 年底，电子商务进农村综合示范项目累计服务原建档立卡贫困人口

5.7 万人，帮助建档立卡贫困人口销售农特产品等 1522 万元，累计帮助建档立卡贫困人口增收 1356 万元，积极推进农产品电子商务发展，带动农牧民群众参与电商创业就业。

六是培育电商人才队伍。积极开展电子商务培训，鼓励电子商务进农村综合示范县和电商企业在电商运营、物流配送等岗位加大对大学生就业倾斜力度。截至目前，西藏累计培训 8 万余人次，其中培训农牧民、未就业大学生、返乡人员等 7.6 万人次，带动群众创业就业 3200 余人，向参加培训人员提供辅导、孵化等定向服务，为农牧区产业发展提供人才支撑。

据欧特欧数据显示，2021 年，西藏网络零售额达 179.9 亿元，同比增长 42.4%，在全国排名第 28 位。其中，实物商品网络零售额达到 150.7 亿元，同比增长 43.1%。其中，食品酒水行业在西藏自治区网络零售市场中占据首位，零售额占比为 27.8%，珠宝礼品、医药保健行业紧随其后，分别占比 17.3%、14.9%。非实物商品网络零售额为 29.2 亿元，同比增长 38.5%。其中，在线餐饮、在线旅游、生活服务位列非实物行业前三名，零售额占比分别为 45.9%、38.4%、12%。直播成为农产品上行的重要途径，西藏直播商品实现网络零售额 29.5 亿元，实现网络零售量 3232.9 万件。参与直播的商品数达 28713 种，投放率为 17.3%。其中，农产品直播实现网络零售额 1.3 亿元，实现网络零售量 84.5 万件。

第十章　日喀则市电商物流

第一节　建设情况

结合日喀则市电子商务发展现状及面临的问题以及电子商务发展的趋势，按照日喀则电商发展建设“产业化、品牌化、特色化、阶段化、整体性”的特点，确立了日喀则电商示范项目建设“电子商务 + 创新创业 + 精准扶贫 + 农旅融合 + 乡村经济振兴”五个融合的思路，制定日喀则电商示范工作“统筹规划、分步实施、重点推进、五个融合、资源共享”的工作原则，形成电商产业发展“1 个责任主体 +1 个电商产业园 +N 个示范站点 + 第三方运营”的建设体系，在按照电商示范建设要求的“一个中心 + 五大体系”的基础上，强化整体推进、注重电商扶贫，带动产业发展，通过对农村市场流通体制机制和商业模式的创新，旨在找到一种可复制的农村经济发展新形势、新方法、新模式，形成示范带动效益。

一、初步建立了电商服务体系，提升了惠民助企能力

日喀则市统筹谋划布局，加强配套设施建设。为实现电商、物流、金融等现代服务业整体发展、充分发挥企业聚集效应，同时为加强日喀则市农畜产品标准化建设，助推农畜产品上行，谋划布局了电商产业园项目及包装厂项目。建成市、县两级电子商务公共服务中心 4 个，乡镇电商服务站点 29 个，村级电商服务站点 114 个，可为企业提供产品展销、产品包装设计、培训孵化、营销推广等服务，为百姓提供驾考咨询、代买代购、物

流收发、充值缴费、车票代购、送货上门等服务。同时，市级电商公共服务中心已引入京东便利店，并开始运营。

二、完善四级物流体系，打通“乡村最后一公里”

建设完成市、县两级电子商务物流分拨中心 4 个，同乡村电商服务站点初步形成了市、县、乡、村四级物流体系；同时积极开展快递物流整合工作，以聂拉木县为例，成功整合了申通、百世、韵达、壹米滴答等快递企业；2020 年 5 月以来，通过电商物流体系，共完成 21715 件下行件配送和 541 单上行件发货。

三、利用电商营销宣传，扩大农特产品销路

2020 年，线上线下累计销售日喀则市农特产品约 1967.48 万元。一方面，政府积极开展农产品产销对接工作，指导珠峰电商公司与各单位工会合作，为各单位配送销售日喀则市农特产品共销售约 134 万元。同时，政府指导协调珠峰电商公司与中石油日喀则销售分公司开展产销对接合作，目前日喀则部分农特产品已入驻南郊加油站、东郊加油站等 8 个中石油昆仑好客便利店进行销售推广。此外，政府指导珠峰电商公司入驻“832 平台”，通过“832 平台”销售日喀则市农特产品约 50 万元。另一方面，日喀则市积极宣传推广日喀则农特产品，政府指导珠峰电商公司开展多次直播活动，各直播带货活动累计观看人数约 346.4 万人次，共销售日喀则市农特产品 310 件。

四、积极开展电商培训，切实带动就业创业

截止 2020 年，政府指导珠峰电商公司对农牧民、建档立卡贫困户、

公务员、未就业大学生等不同群体开展电商培训，共计培训6000余人次；同时政府指导珠峰电商公司与市二职开展校企合作，培养电商、物流人才，并为学员提供就业、实训机会，目前已开展了两期物流实操培训；此外，通过电子商务进农村综合示范统筹项目建设，解决本地35名未就业大学生的就业问题，协助农牧民开设网（微）店120家，直接解决就业201人（包括乡、村电子商务服务站点）。

五、推动公共品牌建设，逐步完善供应链体系

政府引导珠峰电商完善溯源系统，为56种产品建立了溯源码，并与各县相关企业（亚东高峰生态科技有限公司、聂拉木夏尔巴辣椒、江孜阿香大蒜）达成合作，安装了溯源可视化设备；同时珠峰电商公司协助亚东木耳、聂拉木人生果、江孜青稞系列产品取得了“绿色产品”认证；此外，政府指导珠峰电商公司针对部分本地企业设计了30款产品包装。

第二节　存在问题

一、电商供应链体系未形成，电商服务中心功能未完全发挥

西藏地区农牧民群众文化程度普遍较低，特别是基层农牧民群众普通话和汉字识别能力较低，传统观念尚未改变，电子商务进农村覆盖不甚理想；本土电商平台知名度不高、流量不足，传统商贸流通企业信息化程度不高，转型升级投入小；快递物流发展严重滞后，农牧区物流体系不健全、冷链基础设施差，电子商务在农牧区的双向流通渠道，特别是特色产品的上行渠道严重受阻，制约了日喀则市乃至西藏电子商务等新型业态发展。电子商务公司均是单打独斗、未形成一个统一的整体。

二、统筹推进，资金拨付率难以按时达标

由于日喀则市统筹江孜县、亚东县、聂拉木县三县电商进农村项目，整体推进电商进农村工作，涉及资金量大，为确保项目资金使用规范合理，项目建设取得实效，在顶层设计上下足功夫，强化资金监管，严格资金使用，科学开展项目建设，导致项目于2019年10月正式启动；同时由于2020年初新冠疫情影响，项目实际建设周期相对较短，导致项目资金拨付率未到达90%的要求。

三、快递物流运输成本高，快递物流整合力度不足

由于县域电商物流企业规模普遍较小，物流资源较为分散，市场秩序尚未完全建立，服务水平整体不高，农村物流的的规范化、集约化、信息化程度较低，导致快递物流体系化建设难度较大。企业间协作配套能力也较差，没有形成分开协作的产业链。目前，江孜县、亚东县、聂拉木县初步完成了快递整合，能够在两天之内直接从市配送至县、乡、村，但每月快递配送量较少，三县每月配送快递量约2000件，快递量较小，快递整合力度明显较弱，现有快递配送单量不足以持续运营。

四、乡村站点运营能力有待提升

自项目建设实施以来，虽然建成不少乡村级电商服务站，但村级电商服务网点业务内容中营销实绩较少，运营效果同预期还有一定差距。一是服务站站长的实操水平、运营成效、对业务的熟悉程度较低。二是乡村站点虽已初步开展了农特产品销售、物流收发、商贸物流配送、代买代购等工作，同时增加了话费充缴、驾校报考、法律咨询等功能，但话费充缴、

驾校报考、法律咨询等业务工作开展不深入。三是对农牧民帮助较大的果蔬配送等业务还未实现整合。

第三节　推进措施

一、促进电商便民普惠

指导珠峰电商公司充分发挥一中心、五体系各项功能，惠及我市本地企业、合作社及农牧民等群体。一是加强电子商务宣传，让更多的群众知晓电子商务公共服务中心、物流仓储分拨中心及乡、村电子商务服务站点的各项服务功能。二是强化运营，通过电商平台推动本地企业电商化、合作社企业化，推广我市农特产品品牌，畅通我市农特产品销路，增加农特产品销量。三是发挥电商桥梁纽带作用，帮助销售我市农牧区贫困户自产农产品、解决我市农牧区贫困户就业难题、培养一批能够自主开设、自主运营网店或微店的思想意识先进的农牧民群众。四是拓宽便民叠加服务，增加电商公共服务中心及乡村电商服务站点果蔬购销、日常生活品购销、保险购买、车票、机票、酒店预订、家政服务、大学生就业服务平台等一系列便民功能。五是针对未就业大学生提供创业孵化、就业咨询等服务。六是积极探索跨境电商业务。七是有效整合物流资源，针对区域特色产品，建设冷链物流，开展生鲜仓储、配送。八是强化营销策略，提升三品一标认证服务功能，促进农产品上行。九是加强与专业部门对接，提升农产品检测服务功能。

二、完善乡、村站点服务功能

一是指导珠峰电商公司在乡（镇）、村积极探索利用“赶集模式”、“地摊经济模式”等，提高乡、村电子商务服务站知名度，提升站长实操水平。

二是指导珠峰电商公司针对乡、村站点合理赋能果蔬配送、保险业务、驾校报考、法律咨询等功能，增加乡、村站点收入。三是指导珠峰电商公司针对电商服务站开设网点或微店，提高电子商务运营成效。四是指导珠峰电商公司加强农超对接，利用电子商务公共服务体系，集中配送生活必须品、社会消费品等物资。

三、强化电商扶贫机制

一是全市所有建档立卡贫困人口已实现脱贫，但是按照脱贫攻坚“四个不摘”要求，当前巩固脱贫攻坚成果和防止防贫致贫任务重，进一步构建电商精准扶贫机制上下功夫，在农村产品供应链、物流配送、人员培训和公共服务等各项政策措施中向贫困村、贫困户倾斜；二是乡、村服务站站长培养方面，在同等条件下，优先考虑建档立卡贫困人口；产品入驻市、县电商公共服务中心的展厅方面，在同等条件下，优先支持入驻扶贫产品，通过电商扶贫辐射带动更多建档立卡贫困人口，巩固脱贫攻坚成果。三是根据国家和自治区关于开展消费扶贫行动的要求和农产品质量追溯体系建设工作相结合，在政策允许范围内，电商扶贫与消费扶贫工作互融互推，资源共享共用，拓宽扶贫产品销路，打造扶贫产品品牌，提升产品知名度。

四、建立健全电子商务可持续发展长效机制

指导珠峰电商公司要积极探索后期运营的长效机制，既要发挥社会效益，服务本地企业、合作社及农牧民群众；又要充分提升经济效益，拓展电子商务业务，通过各项服务、销售、运营功能的发挥，增强经济效益；还要统筹整合全市资源，打造我市农村电子商务生态链，促进我市电子商务一体化发展，确保我市电子商务可持续化发展。

第十一章　阿里地区电商物流

第一节　建设情况

“十三五”时期，阿里地区以建设县、乡、村三级物流配送体系为重点，以完善农牧区电子商务公共服务体系为抓手，搭建“城乡互动、双向流通、融合一体”的城乡现代流通体系，向措勤县、普兰县、扎达县、噶尔县、改则县、革吉县、日土县累计投资电商项目资金共计7460万元，有力推动了商贸流通体系向偏远乡村延伸。

一、措勤县电子商务进农村综合示范县创建情况

2015年，争取落实措勤县电子商务进农村综合示范县项目资金1850万元，组建了集电子商务活动、网络平台运营、电子商务培训、仓储物流等服务为一体的措勤县阿云电子商务有限公司；建立了具备商品展示区、销售区、办公区、培训区、创业孵化区、智能影棚、公共服务区等服务为一体的措勤县县级电商公共服务中心；打造了措勤县门东居委会党建电商第一村，建立了基本覆盖全县的12个电子商务进农村村级服务站，创建了中国海拔最高的电子商务进农村示范县品牌。措勤县电子商务进农村综合示范项目成功通过国家商务部组织的验收，2016年，被全国电子商务协会评为“百县百品”中国农产品上行百强县。截止2020年，措勤县落实项目资金1850万元大力推进电子商务进农村综合示范县建设，电子商务实现销售额4733万余元，其中畜产品销售额4028余万元，特色产品销售额705

万余元。

二、普兰县电商进农村综合示范县创建情况

普兰县电子商务进农村综合示范项目，于2018年3月份启动实施，争取落实电子商务进农村综合示范县项目（一期）资金1500万元，2019年，争取落实项目（二期）后续资金500万元，截止2020年，已拨付启动资金495万元。依托产业资源优势，创新电商扶贫举措，完善产业发展链条，切实将电商项目创建的各个板块体系有效得到运转，建设完成普兰县电子商务公共服务中心，确定了普兰县电商扶贫特色产品O2O体验店改造和升级场地；建设完成并已投入了8个电商村级服务站点，申请商标并注册成功普兰县公共品牌“普行天下”、“雪云绿影”；研发了普兰县农特产品溯源系统，截止2022年3月，普兰县落实电子商务进农村综合示范县项目资金2000万元，打造了“社会快递+邮政”模式，完善了县、乡、村电子商务三级物流体系，线上网络销售额达到73.3万元。

三、札达县电子商务进农村综合示范县创建情况

2018年，落实札达县电子商务进农村综合示范县项目资金1500万元，打通农产品进城和工业品下乡双向流通渠道，将电商扶贫体系贯穿项目始终，在全县特别是贫困村、旅游景点选定打造11个农村电子商务服务站点，其中县级电子商务公共服务中心1个、乡镇服务站及村级服务点10个；着眼“1个中心、6个体系”的常态化运营，加快电商配套服务体系建设，积极开拓多元化电商发展模式，促成10个村级服务站在“藏货通天下”、微店、有赞有程序、“扶贫832”等第三方平台开设网店。截止2020年，札达县落实项目资金1500万元，创造性构建国家电子商务

进农村综合示范县“1个中心、6个体系”，充分发挥“藏货通天下”、“扶贫832”等第三方平台作用，上线品类商品30种，实现销售额86.95万余元。

第二节　存在问题

从阿里地区当前电商工作情况来看，电子商务等新业态发展支撑不足，存在以下几个方面的困难和短板：

一、阿里地区地处祖国边疆，运费成本高

一方面，基于自然、历史、交通等诸多因素影响，特别是受农牧区地域辽阔、农牧民居住分散的影响，截止2020年11月1日，阿里地区仅有12.33万人口，分布在33.71多万平方公里的广袤地区，生产、流通和消费服务的物流需求小。另一方面，由于交通基础设施发展滞后，导致阿里地区生产要素成本趋高，物流成本居高不下。这使得阿里地区商贸流通业整体发展水平不高，农牧区商贸流通设施极为薄弱，偏远农牧区物质供应“不充分、不方便、不实惠”等短板依然突出。农牧区物流体系不健全、冷链基础设施差，电子商务在农牧区的双向流通渠道，特别是特色产品的上行渠道严重受阻，制约了阿里地区乃至西藏电子商务等新型业态发展。

二、阿里地区本地电商人才较为紧缺

阿里地区农牧民群众文化程度普遍较低，特别是基层农牧民群众普通话和汉字识别能力较低，传统观念尚未改变，急需本地电商人才教授

基层群众掌握和熟悉线上消费、线上销售等电子商务实操知识。阿里地区尽管从常住人口增长速率上看，阿里地区仅次于拉萨，位居西藏第二，但依然存在人口基数小、人口素质低、人口集聚效益不明显的的突出问题。对达到现代化快速、高效、低成本的物流电商运营模式的认识还有一定差距，急需创新人才，同时也缺乏相关培训。此外，用人问题也日趋突出。随着人才引进政策的推出包括阿里地区在内的整个西藏 10 年来引进人才结构和数量都有明显改善，但是西藏人才短缺的问题依然严峻。课题组在阿里调研发现，相关部门不乏名牌大学的毕业生。新形势下，应该大力挖掘内生动力和潜力，对人才的留用，相关部门应当给予足够重视，切实发挥人才培养培育的作用，破除条条框框教条限制，避免留而不用，人才隐形流失。

三、阿里地区市场主体培育不足、商贸流通不够活跃

阿里地区作为南亚大通道建设的前沿阵地，口岸基础设施薄弱、通关便利化水平不高。口岸主要山口通道交通条件落后，仅斜尔瓦通往普兰县城的道路为柏油路。邻国边境地区交通设施简陋，边民贸易基本依靠人背马驮进行运输。与普兰口岸接壤的尼、印边境地区经济比较落后，边民市场购买力较弱，对商品和服务的需求层次不高。且与印度之间商贸往来缺乏沟通机制，存在经贸交流合作障碍。物流基础设施较差等因素影响，阿里地区商务领域政府主导、市场参与的促消费、提消费办法不多；引进高档次、强品牌企业零售店、餐饮店入驻阿里不足。

四、阿里地区对电子商务等新业态发展支撑不足

阿里地区电子商务进农村覆盖不甚理想；本土电商平台知名度不高、

流量不足，传统商贸流通企业信息化程度不高，转型升级投入小；快递物流发展严重滞后，农牧区物流体系不健全、冷链基础设施差，电子商务在农牧区的双向流通渠道，特别是特色产品的上行渠道严重受阻，制约了阿里地区乃至西藏电子商务等新型业态发展。一些企业孵化目前还停留在初级阶段，如代销农特产品、提供办公场所、开展电商培训等，未帮助企业真正实现电商化。此外，双创服务未见实质成效。电商与扶贫工作不够紧密，物流配送、公共服务中心、各服务站建档立卡贫困群众参与率较低，电商扶贫直接带动或间接带动贫困群众效益不够明显。

第三节　推进措施

一、加强组织领导，明确职责分工

根据电子商务进农村综合示范项目工作进度，阿里地区制定了倒排工作方案，确保项目实施进度和资金拨付进度按时完成。札达县在电子商务公共服务中心运营、农产品供应链体系建设、精准扶贫体系推进、培训体系和物流体系建设方面制定了工作倒排方案，明确了各项工作完成时限、责任人和责任领导。普兰县针对信息平台建设、农产品电子商务供应链体系、电商培训体系、示范创建教育、加强电子商务宣传推广和电商统计工作明确了责任人和时间节点，制定了工作倒排方案。措勤县在电商公共服务中心运营、培训、宣传和电商扶贫方面制定了倒排运营方案，明确了责任领导、责任人和完成期限。

二、加强电商人才培训

通过阿里地区同陕西省援藏对接，为充分发挥学校与单位双方的优势，增强职业技术教育为社会、行业、企业服务的功能，为合作企业培养更多素质好、有技能的应用型人才，同时也为学生实习、实训、就业提供更大空间，将为阿里地区积极培养本地电商专业人才工作奠定基础。

三、加强农产品上行和工业品下行工作

借助西藏自治区2020年，电商整体推进项目中标企业（京东物流集团、拉萨市净云电子商务科技有限公司）同邮政物流双向合作，解决最后“一公里”问题，实现农产品上行和工业品下行。组织已成立的阿里净土产业投资开发有限公司为主导，成立阿里地区供销社社属企业，由阿里净土产业投资开发有限公司负责落实地方特色产品的标准化建设，做好产品“三品一标”申报工作，为阿里地区特色产品上行工作提供保证，同时为阿里地区消费扶贫产品线下销售作出贡献。

第四篇　展望篇

第十二章　西藏边贸物流产业高质量发展的战略思路与目标任务

第一节　战略定位

一、战略定位

高举中国特色社会主义伟大旗帜，以马列主义、毛泽东思想、邓小平理论、“三个代表”重要思想、科学发展观和新时代中国特色社会主义思想为指导，全面贯彻党的十九大和十九届二中、三中、四中、五中、六中全会精神，中央第六次、第七次西藏工作座谈会精神，以及深入贯彻落实习近平总书记系列重要讲话精神、特别是“治国必治边、治边先稳藏”的重要战略思想和“加强民族团结、建设美丽西藏”的重要指示，牢固树立“创新、协调、绿色、开放、共享”的发展理念，坚持依法治藏、富民兴藏、长期建藏、凝聚人心、夯实基础的重要原则，把改善民生、凝聚人心作为经济社会发展的出发点和落脚点，着眼于建设面向南亚开放的重要通道、构建环喜马拉雅经济合作带、建立开放型经济新体制、完善全方位对外开放格局，坚定不移实行改革开放，坚持不懈改善发展条件，以共享共用完善商贸流通体系、发展口岸经济，加快推动内外贸易融合发展，加大交通干线、口岸要镇、仓储物流培育力度，优化重点产业布局，全力推动边贸物流产业跨越发展。

二、发展原则

（一）坚持市场作用和政府作用相协调

坚持市场作用和政府作用协同发力。正确处理好市场和政府的关系，通过完善市场服务体系，优化生产要素配置，充分发挥市场在人力、商品、资金和服务合理流动中的作用。

（二）坚持产业发展与兴边富民相协调

深化口岸贸易与特色产业发展、城镇建设的互动关系，加强军民融合发展，促进口岸与腹地内外产业联动，增强产业对兴边富民的带动作用。

（三）坚持经济效益与环境保护相协调

正确处理好保护生态和富国利民的关系，坚持在保护中开发、在开发中保护的方针，执行最严格的环境保护制度，坚持任何产业发展不能以牺牲生态环境为代价，推动形成绿色发展方式。

（四）坚持整体推进和重点发展相协调

兼顾整体推进与重点发展，优化重点产业开放布局。实现各产业经济优势互补、分工协作，特色发展，大力提升贸易便利化水平，探索开放合作新模式，为完善西藏边境地区全方位开放格局奠定新基础。

三、基本思路

西藏边贸物流空间优化应在目标定位、优化层次和实施抓手三个方面有序开展：

首先，目标定位要有高度。国家定位西藏作为南亚开放的重要通道，不仅赋予西藏更加重要的战略地位，而且使西藏有了更加清晰的发展方向。西藏地区凭借连接新疆以及搭建连接丝绸之路经济带和环喜马拉雅经济合作带桥梁的区位优势，在当前区域非均衡发展的大背景下，打造面向南亚开放的重要通道，全面融入国际国内双循环新发展格局，无疑具有重要的引领作用。

其次，空间优化应有层次。所谓层次就是优化布局涵盖的内容。区域社会经济活动是分层的，物流空间优化布局也要分层，因此把西藏地区物流空间优化布局分成了三个层次。通过财政扶持为基础的政府引导下，第一层次通道畅通，包括点线面的建设即运输通道、智慧物流以及相应配套体系建设。第二层次产业发展，包括产业、行业以及以此为依托的特色城镇的建设。第三层次市场融合，包括促进要素市场和商品市场的培育以及企业的吸纳，推动对内市场的融入和对外市场的开放。

最后，实施须找到有力的抓手。抓手即为实施的动力机制，政府可为且具有杠杆效应的切入点。西藏应以改革先行示范的担当意识，用好中央及地方赋予的新优势，建立相应的变革、保障以及促进机制，处理好通道与屏障的之间辩证关系，发挥好通道与屏障之间的作用关系。

四、战略路径

（一）以“区域协调”作为边贸物流产业各项政策制定的核心价值导向。高质量发展背景下，以区域协调为目标定位，继续推动物流基础设施以及城镇化建设，降低地区间的运输成本，提高市场需求，进而引导产业转向西藏地区各市区、县乡，缩小地区收入差距，走出一条产业集聚产生的空间效率与区域经济协调所必备的公平之间的兼容之路。

（二）以“财政诱导”充分发挥政府培育现代物流业态的调节作用。在区域协调导向下，政府需要在机制体制上有所创新，通过财政杠杆充分发挥政府引导作用，提升财政支出效益水平，优化交通运输为主的物流基础设施的效率水平。加快传统物流产业的转型和升级，促进现代物流业态的培育和发展。

（三）以“通道畅通”作为物流产业空间重构的发展方向。国家定位西藏作为南亚开放的重要通道，不仅赋予西藏更加重要的战略地位，而且使西藏有了更加清晰的发展方向。通过财政供给，加快综合交通运输体系建设，推进便民利民消费水平，实现西藏农牧区生产生活必需品有效供给和持续保障。

（四）以“产业集聚”作为物流产业空间重构的集聚效应。通过空间重构物流网络，以数字经济赋能区域物流，打通经济循环的“堵点”、“断点”，加速产业集聚与协同，促进劳动力自由流动，提升西藏地区人均资源占有量和边际产出，进一步缩小城乡差距、区内与区外差距，实现价值共创。

（五）以“市场融合”作为物流产业空间重构与价值共创的长期目标。以财政扶持为主的总供给模式为基础，依托综合物流运输通道建设，培育商品和要素市场，加强与周边国家、周边省份和重要城市的合作与联系，发挥区内中心城市、县城以及其他重点城镇、产业集聚辐射带动作用，促进对内融入、对外开放双循环市场的有机统一，促进实现高质量发展。

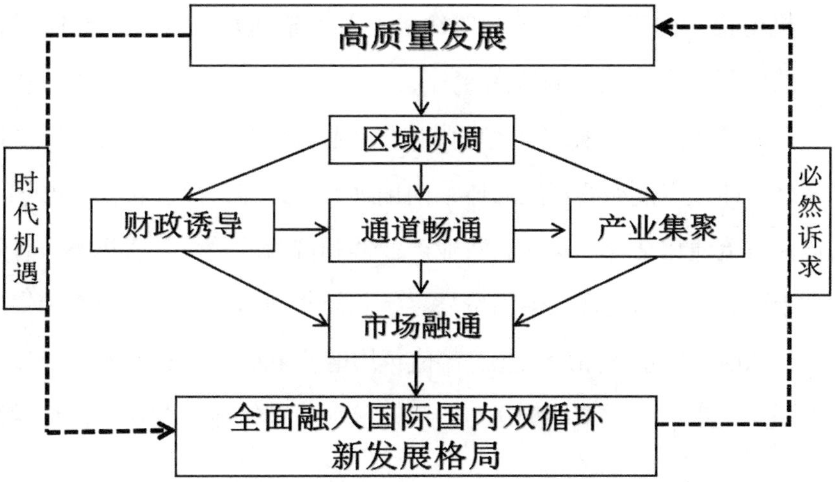

图 14-1 西藏边贸物流产业发展战略路径示意图

第二节 目标任务

一、工作目标[①]

根据《西藏自治区国民经济和社会发展"十四五"规划(2021–2025年)》，"十四五"期间着力推动边贸物流产业成为经济增长的重要引擎、转型发展的重要动力、高质量发展的亮点和标志，产业增加值年均增长10%以上。"十四五"时期，农牧民收入年均增速达到10%以上。到"十四五"末，城乡居民人均可支配收入达到或接近全国平均水平，基本公共服务主要指标接近全国平均水平。

着力构建"一核一圈两带三区"发展新格局指引下，深入实施新型城镇化战略，城镇化率达到40%以上。在沿边、沿江、沿景区、沿交通干线推进新型城镇化建设，推进大县城和边疆明珠小镇建设工程，5年建成150个。

健全交通物流基础设施体系。加强铁路、公路、航空、管道、信息、物流等基础设施网络建设，加快进出藏综合运输通道建设，促进各种运输方式有机衔接，构建以铁路、高等级公路和运输机场为骨干，普通国省道为主体的区际综合交通运输体系。

力争到"十四五"末，西藏现代商贸流通体系基本健全，推进城乡物流配送网络一体化，推动商贸流通体系向偏远乡村延伸，促进农牧区电子商务和实体商贸流通相结合，延伸农牧业产业链和价值链，城乡消费潜力有效释放。"十四五"时期实现社会消费品零售总额年均增长10%，网络销售总额年均增长20%，农畜产品加工业总产值年均增长10%以上；基本形成以"物流产业园+配送中心+末端配送点"的三级城乡商贸流通配送一体化网络，

---

① 引自《西藏自治区国民经济和社会发展"十四五"规划(2021–2025年)》

商品统一配送率达到70%以上。现代商贸流通市场主体参与国内竞争能力明显提升，商品双向流通渠道高效便捷有序，流通效率显著提升。电子商务和实体商贸流通有效结合，商贸流通企业信息技术、物联网技术广泛应用，电子商务、冷链仓储服务覆盖所有县（区）。供销合作社和社属企业“四位一体”改革全面完成。到2025年，基本实现供给创造需求、需求牵引供给的动态平衡，人民群众的获得感幸福感安全感更加充实、更有保障、更可持续。[①]

全面融入以国内大循环为主体、国内国际双循环相互促进的新发展格局，积极融入成渝地区双城经济圈、大香格里拉经济圈、陕甘青宁经济圈，发挥西藏区位优势、通道优势、经贸合作优势，对接国家西部陆海新通道；积极推动“环喜马拉雅经济合作带”、高原丝绸之路、冈底斯国际旅游合作区、跨喜马拉雅立体互联互通网络建设。

二、重点任务

（一）健全城乡流通体系

以城市商业中心和区域商业中心为龙头、特色商业步行街区为主体、社区商业为基础的城市商贸服务体系基本形成，形成一批线上线下融合、具有影响力和带动力的体验示范商圈。城镇商贸中心、示范商圈、商业网点布局合理，便民利民，生产生活必需品实现有效供给。以“互联网+”为引领，以电子商务综合示范为载体，加快本地仓储和体验店建设，促进电商和边贸物流、快递物流融合发展。以信息化、物联网技术推进工业品下乡、农产品进城，积极推进订单直销、特许经营、连锁经营配送等现代流通方式，构建现代物流配送体系。

---

① 西藏自治区人民政府办公厅关于加快现代商贸流通业发展的意见_西藏自治区人民政府驻西安办事处 http://xab.xizang.gov.cn/xxgk/202109/t20210910_260237.html

（二）完善商贸物流网络

以青藏、川藏、新藏、滇藏公路铁路沿线重要城镇为中心，带动辐射沿线和周边现代物流业发展。加强协调配合，全力推进川藏铁路建设。有序推进滇藏、新藏铁路部分路段和拉林铁路二期前期工作，加快中尼铁路日喀则至吉隆段前期工作，协调推进青藏铁路格拉段和拉日延伸段电气化改造及外部配套供电工程规划建设。在重要城镇健全现代物流园区、物流中心，推进智慧农贸市场、冷链物流基础设施建设。完善农牧区日用消费品、农资配送中心，加快现代商贸物流向农牧区延伸实现全覆盖，完善农牧区现代物流网络，推进农超对接。建成以县城为中心、乡（镇）为骨干、村为基础的农牧区日用消费品流通市场体系，推进农牧区日用消费品配送服务，促进农牧区“安全、便利、品质”消费环境初步形成，进一步激发农牧区的消费力。积极培育商贸物流市场主体，大力支持大型连锁企业、电商企业、农产品流通企业进藏发展。

（三）打造南亚开放通道

依托铁路、公路、航空等陆路交通运输大通道，推进拉萨国家级流通节点城市和日喀则区域流通节点城市建设，打造畅通国内、联通国际的物流组织和区域分拨枢纽，提升青藏铁路那曲物流中心功能，建成藏北物流中心。有序推进进出藏公路快速化，加快推进现有进出藏和通口岸公路提质升级规划建设。提升樟木口岸货物通道功能，推动亚东、日屋（陈塘）口岸开放及限定区域划定建设，提升拉萨航空口岸功能，推进昆莎航空口岸建设和开放。推进内地自由贸易试验区改革试点经验在西藏复制推广落地，申报建设中国（西藏）自由贸易试验区。

（四）提升窗口开放水平

加快推进拉萨综合保税区、日喀则保税物流园区、吉隆边境经济合作区（中尼跨境合作区）建设，探索边境自由贸易区试验区建设。加快智慧口岸建设，加强口岸基础设施建设和国际贸易“单一窗口”推广应用。培育外贸转型升级示范基地，支持建设面向南亚的国际营销网络，培育一批外贸骨干企业。加大口岸要镇、边贸通道仓储物流基础设施建设力度，构建口岸经济、边贸通道经济。鼓励外贸电商企业兴建“边贸仓”、“海外仓”，推动与邻国的经贸往来。积极打造中国西藏文化旅游国际博览会、中国西藏——尼泊尔经贸洽谈会等西藏面向南亚开放的合作平台。稳妥推进中尼友谊工业园建设，为西藏企业在尼开展投资合作搭建平台。

第三节 发展方向

一、完善交通运输网络①

根据《西藏自治区综合交通运输“十三五”发展规划》远景展望至2025年以及《西藏自治区国民经济和社会发展“十四五”规划（2021–2025年）》，健全交通物流基础设施体系，须加强综合交通运输体系顶层设计，完善区内和对外交通运输网络，提高交通运输能力和效率，包括以下方面：

（一）打造综合立体交通网络

加强铁路、公路、航空、管道、信息、物流等基础设施网络建设，加快进出藏综合运输通道建设，促进各种运输方式有机衔接，构建以铁路、高等级公路和运输机场为骨干，普通国省道为主体的区际综合交通运输体系。完善公路网络，以国道、省道等干线公路为重点，以农村公路和国边防公路为基础，对内连接所有县级行政区、乡镇及建制村，对外连接周边省区公路，形成“四纵、三横、八通道”为主骨架的公路交通运输网络。实现普通干线公路广泛覆盖乡镇以及重要景区。加快铁路规划建设，积极构建干线铁路路网主骨架。完善机场功能布局，有序推进公铁、陆空合建

① 引自《西藏自治区国民经济和社会发展“十四五”规划（2021–2025年）》

综合枢纽建设，规划新建一批现代化综合交通枢纽，加快拉萨全国性综合交通枢纽建设，推进山南、林芝、日喀则、昌都、那曲、阿里等地区综合客运枢纽和货运枢纽建设。

（二）建设互联互通运输快速通道

加强协调配合，全力推进川藏铁路雅安（川藏界）至林芝段建设，有序推进滇藏、新藏铁路重点路段等项目前期工作，扎实开展中尼铁路日喀则至吉隆段、青藏铁路格拉段和拉日铁路电气化改造及外部配套供电工程前期工作。加快推进现有进出藏和通口岸公路提质升级规划建设，完善国省道干线网络。加快拉萨贡嘎机场航站区改扩建、新建第二跑道，推进昌都邦达机场航站区改扩建、日喀则机场改扩建、林芝米林机场飞行区平行滑行道建设，加快定日、普兰、隆子支线机场建设。

（三）提高交通运输综合服务水平

深化综合交通运输管理体制机制改革，加强交通运输监测网络、交通基础信息联网与服务平台建设，促进各种运输方式深度融合、协同发展，深入实施“互联网+便捷交通”“互联网+高效物流”，建立健全交通运输绿色发展制度和标准体系，强化标准的实施与监督，用标准支撑和引领交通运输发展。继续对普通国省干线、农村公路、边防公路、专用公路养护经费给予适当补助。加强客运场站建设，不断完善站点功能，补齐相关设施设备，稳步推进自治区应急运输车队建设。

二、优化口岸开放布局①

按照《西藏自治区口岸发展“十三五”规划》以及结合西藏自治区

① 引自西藏自治区“十三五”时期口岸发展规划_西藏自治区发展和改革委员会 http://drc.xizang.gov.cn/zwgk_1941/fz/zx/201811/t20181114_174220.html

“十四五”规划“重点建设吉隆口岸，科学恢复樟木口岸货运通道，稳步提升拉萨航空口岸，加快发展陈塘（日屋）、里孜、普兰口岸，积极推动亚东口岸开放”的口岸最新发展思路，口岸发展应着眼于参与“一带一路”倡议、建设面向南亚开放重要通道和环喜马拉雅经济带，充分发挥西藏口岸的综合优势，把握发展机遇，全面统筹，突出重点，特色分工，构建“两重两翼多支点”口岸发展总布局，形成“四廊三区”口岸联动发展新格局，逐步推进实现陆空相应、边境互动、多点联动的全方位口岸开放远景目标。立足建设面向南亚开放重要通道、构建西藏全方位对外开放格局、形成陆空多点联动口岸群的长期目标。

（一）优化口岸开放总体布局

打造拉萨、日喀则国家物流枢纽，建设“综合物流园区（地市级）—物流中心（县区级）—配送中心（片区和乡镇）”分级物流体系、具有集中采购和跨区域配送能力的冷链物流集散中心，发展农牧区电商服务。重点建设吉隆口岸，科学恢复重建樟木口岸，着力推进普兰、拉萨航空口岸功能提升，切实加快里孜、陈塘、日屋、阿里机场口岸开放开发，全力推动亚东口岸开放，形成以吉隆口岸和樟木口岸为重点，以普兰和拉萨航空口岸为两翼，以里孜、陈塘－日屋、阿里机场口岸及亚东乃堆拉边贸通道为支点的“两重两翼多支点”口岸开放格局。

两重。重点推进吉隆口岸创新发展。发挥吉隆口岸在西藏对外开放中的关键作用。结合西藏灾后恢复重建，进一步完善基础设施条件，加快建设现代化的国际通道。积极推进与尼泊尔的互联互通，改善与尼泊尔边境地区、中心城镇的交通联系。大力发展口岸贸易，稳步建设吉隆边境经济合作区，积极申报设立开发开放试验区，不断深化与尼泊尔全方位合作关系。将吉隆口岸建设成为西藏对外开放和现代化程度最高、运行最规范、辐射范围最广的国际性口岸。

重点实施樟木口岸灾后重建和转型发展。深入开展对樟木口岸地质条件的调查和评估工作，科学进行樟木口岸恢复重建，全面加强地质灾害综合防治，推动樟木口岸转型发展。在确保运行安全的前提下，着重缓解物流、人流压力，引导扩大高附加值货物贸易规模，促进旅游服务贸易发展，提高贸易发展质量。

两翼。着力推进普兰口岸提升功能。突出旅游服务贸易特色，扩大货物贸易规模，加快新唐嘎国际市场建设。努力缓解交通瓶颈制约，积极推进与邻国基础设施的互联互通，提高对人流、物流的吸引力和服务能力，促进“一口岸多通道”格局稳步发展，增强对阿里地区旅游业、特色产业发展的带动力度。

着力促进拉萨航空口岸融合发展。依托拉萨区域性中心城市，积极参与西藏空港新区建设，实现口岸与拉萨市发展相依相融、相互促进。进一步改善口岸监管设施，提高旅客和货物的通过能力。积极扩展空中国际通道，提升在国际交往与对外贸易中的作用，增强拉萨市的枢纽功能，促进西藏国际旅游业、加工业和文化交流事业的发展。

多支点。加快完善基础设施体系，巩固扩大边民互市贸易，积极增加货物贸易规模，稳步发展旅游服务贸易，深化与邻国的交流与合作，如期实现口岸开放。充分发挥里孜口岸通道作用，加快完善基础设施条件，健全口岸监管设施，确保口岸如期开放。巩固扩大边境贸易，着力开展对尼泊尔的货物贸易，积极开展跨境旅游服务贸易，努力探索中尼印合作走廊建设，增强对西藏口岸持续发展的支撑力。按照“一口岸两通道”模式建设和运行日屋、陈塘口岸，积极改善日屋－陈塘口岸的基础设施和互联互通条件，努力扩大双边贸易，为口岸功能升级奠定基础。完善阿里机场口岸监管和配套服务设施，加强与神山圣湖旅游景区、新疆多式联运交通建设，扩大出入境人员和货物规模。建立健全沟通磋商机制，进一步完善边贸服务设施，鼓励边民互市贸易发展，全力推动亚东乃堆拉边贸通道开放为国际性口岸。

（二）优化口岸联动发展格局

立足口岸，努力扩大国内外区域合作，构建依托通道、辐射周边的“四廊三区”口岸联动发展格局，最大程度地发挥口岸贸易辐射、人流物流、集散和促进开放发展稳定的作用。

四廊。依托G109、G318、G219、G349、G216、G562、G564等国道干线，日喀则机场–日喀则市高等级公路、日喀则–亚东快速通道，以及拉萨贡嘎机场、青藏铁路及其延长线拉日铁路、拉林（川藏）铁路，结合日吉、日亚等铁路和边境口岸机场等待建项目，形成那曲–拉萨–日喀则–聂拉木–吉隆的中尼发展走廊、那曲–拉萨–日喀则–亚东的中印不发展走廊、沿G214线延伸的沿边发展走廊，以及昌都–林芝–山南–拉萨并连接日喀则市和边境口岸的东部发展走廊等四条发展走廊，构筑现代化、复合型的面向南亚开放的大通道。进一步密切口岸与中心城市（镇）、重要交通节点的连接，着力促进口岸与腹地的联动发展，扩大口岸发展的区域效益。

三区。口岸–南亚合作区。以更积极的姿态落实西藏在“一带一路”倡议中的任务，深度融入孟中印缅经济走廊建设，增强环喜马拉雅经济合作带的凝聚力。重点深化与尼泊尔的合作关系，积极扩展与南亚其他国家的合作领域，加强与邻国的“五通三同”，构建对南亚全方位开放合作新格局。

口岸–内地合作区。着力发挥连接我国内地与南亚的纽带作用，积极深化与区外地区特别是西北经济区、西南经济区、援藏省市区及企业的合作。以贸易发展为核心，以国内产品和国内市场需求为支撑，积极推进区内外公路、铁路、航空多种运输方式的组合联运，形成我国内地特别是西部地区通往南亚的便捷通道，进一步吸引西北、西南地区与南亚之间的物流、人流、信息流，增强口岸辐射力。

口岸–藏域合作区。积极深化各口岸之间，口岸与区内中心城镇、重要景区（点）之间，口岸与其他地市之间的合作，增强拉萨市、日喀则市、狮泉河镇、江孜镇、曲下镇、那曲镇与口岸的互动，构建西藏南亚开放大通道经济带、城镇带。加强口岸与边民互市贸易市场的关联，完善西藏对外贸易网络，推进边境地区全方位开放，增强对西藏经济社会发展的带动力和贡献度。

（三）完善口岸监管服务设施

加大口岸管理与服务设施投资力度，逐步完善符合标准的设施体系，提高智能化水平，建设口岸边贸市场网络，提高口岸运作的规范性。

健全“一关两检”监管设施。完善各口岸国门和联检设施、封闭隔离设施，提高智能化水平，实现规范监管。建设吉隆海关应急保障中心、拉萨航空口岸检验检疫综合实验楼及隔离中心，以及普兰口岸海关应急保障中心、边检应急及信息指挥中心、检验检疫活畜隔离检验区等项目。实施日屋口岸国门及旅检设施、动植物检验检疫设施，陈塘口岸国门及旅检设施，里孜口岸国门及联检楼，亚东乃堆拉边贸通道联检楼、出入境货物查验场等项目。推进聂拉木县货物查验场建设。增强口岸与腹地中心城市的联动，扩展口岸发展空间，建设日喀则市出口货物查验场、日喀则市检验检疫技术中心。

完善口岸贸易设施。在各口岸及时配套建设边贸市场、仓储物流区等设施。推进吉隆口岸、里孜口岸、陈塘口岸边贸市场建设，实施普兰新唐嘎国际市场、日屋口岸边贸市场（二期）、亚东仁青岗边贸市场等简单项目，相应配套与口岸贸易规模相适应的仓储物流设施或物流园区。结合拉萨贡嘎机场升级改造工程，扩大拉萨航空口岸的仓储物流能力。出台与日喀则－吉隆铁路相配套的铁路接待站等建设项目。

深化电子口岸建设。进一步完善电子口岸基础设施，借助统一平台，提交标准化的数据源，完成一次申报工作，推进“单一窗口”建设。加强电子口岸的研发、运行和维护工作。以吉隆口岸为重点，利用出入境预申报、移动短信服务、智能刷卡、指纹及脸部识别、电子车牌、GPS 定位电子关锁等技术，进一步提高口岸信息化水平。

三、推进边境贸易发展

西藏边境线长约4000多公里，与缅甸、印度、不丹和尼泊尔接壤。西藏有21个边境县、104个边境乡、50多个传统边贸市场、3个边民互市贸易区。西藏按照“积极发展边境贸易，鼓励边民互市贸易，稳定一般贸易”的外贸发展思路，贯彻落实国家和自治区制定的促进边贸发展政策措施，边贸恢复发展态势逐步确立。

从贸易发展整体情况来看，边境贸易进出口额占西藏外贸总额比重持续提升，以边贸为主的贸易结构不断优化，边民互市贸易实现翻番。随着国家“兴边富民”等相关政策的实施，老百姓消费能力和生活水平逐步提升，原产于尼泊尔、印度等周边国家的副食品和生活用品在边民互市贸易中持续走俏，进口数量一直保持较高增长，边民参与边贸的热情日益高涨。但受新冠肺炎疫情影响，2020年第一季度西藏边境贸易大幅下滑，其中边境小额贸易跌幅超四成。西藏边境贸易加快发展仍然任重而道远。

（一）推进边境贸易回稳向好

大力推进边贸市场和边贸点建设。贯彻落实国家边境贸易创新发展的政策措施，推动出台西藏边民互市贸易管理规定，加大资金支持力度，进一步支持边民市场及配套设施项目建设，改善边民交易环境，有序推进边民互市贸易区（点）发展升级，积极推动更多具备条件的边民互市贸易区（点）纳入统一管理。完善管理吉隆、普兰、亚东等边民互市贸易区，进一步加快其发展。

大力推进边民互市贸易创新发展。建议国家及时修订现行《边民互市贸易管理办法》，允许边民互助合作组织作为主体开展互市贸易，实施便利化通关监管措施。加快出台《边民互市贸易进口商品负面清单》，包括研究动态及时调整《边民互市贸易进出口不予免税清单》，适当放宽部分商品免税额度。探索边贸通道管理新办法，实行差异化管理政策，适当降低调整边贸通道功能要求，提高关闭边贸通道的门槛。

（二）加强边境特色城镇建设

着力加强吉隆镇建设与发展。实施“一镇多区”规划，进一步完善市政设施，着重发展商贸服务业，旅游业，积极推进吉隆中尼跨境经济合作区建设，把吉隆镇建设成为国家重要边境口岸城镇、历史文化名镇、西藏边境地区重要商贸旅游点。

逐步扩大普兰镇人口规模。改善普兰镇市政设施条件，增强旅游服务功能和国际商品交易功能，建成普兰口岸的贸易管理和服务中心，阿里地区跨国商品交易中心，重要的旅游集散中心。

科学开展樟木镇恢复重建。加强樟木镇地质勘察与建设适应性研究，科学确定樟木口岸恢复重建的方案和今后发展的方向。在保留国际性口岸地位的同时，积极推进樟木口岸转型发展，引导扩大高附加值货物贸易规模，集约高效利用土地资源，建设与环境承载力相适应、安全宜居的口岸新城。

加快推进其他特色城镇建设。提升下马镇贸易服务、旅游服务、商贸服务功能，建设成为西藏与南亚地区经济、文化交流的重要门户口岸，西藏边境重要的商贸物流中心、生态文化旅游基地。改善日屋镇、陈塘镇、亚热乡基础设施条件，建设成为西藏辐射尼泊尔东北、西北部边境地区的一组中心城镇。

（三）加快边贸特色产业发展

壮大新型农牧业。壮大边境地区现代农牧业，建立农牧产品出口基地，促进自产产品贸易发展。加快建设以岗巴、定结为主的岗巴羊生产基地，以仲巴、吉隆县为主的绒山羊、绵羊生产基地，以亚东、仲巴县为主的牦牛生产基地，以康马、聂拉木、定日县为主的优质牧草生产基地，以亚东、吉隆、定结为主的林下产品生产基地，以普兰县为主的优质青稞、油料作物基地等，相应建立出口基地。

大力发展旅游业。把握国际旅游业发展的新趋势，用新理念、新创意整合资源，促进国内旅游与旅游服务贸易共享资源、共同发展。完善旅游基础设施条件，提升旅游区（点）可进入性。开发多样化旅游产品，加强文化与旅游的结合，把文化内涵贯穿到吃、住、行、游、购、娱各环节和旅游业发展全过程。建立旅游综合服务系统。积极推进旅游业在发展理念、运行机制、管理模式、人才培养、硬件建设、环境质量和服务标准等方面全方位与国际接轨，提升大旅游综合竞争实力。

创造条件发展加工业。立足优势资源，重点发展面向南亚市场的、以自产产品为主的加工业，培植特色产业市场竞争力。壮大农畜产品加工业，提升民族手工业市场竞争力，促进加工业集聚发展，探索承接东部地区产业转移，构建面向南亚的产业链。以民族文化特色产品、旅游产品、高原特色农产品等特色产业为依托，推动外贸特色加工业向“高起点、规模化、长链条”方向发展，推动资源优势向产业优势转变。

（四）深化周边国家经贸合作

重点推进与尼泊尔的经贸合作。深耕尼泊尔市场，支持在尼泊尔等南亚国家建设面向南亚的国际营销网络。探索推进在尼泊尔建立西藏特色产品生产贸易基地，借助尼泊尔国际博览会、藏尼经贸协调会、藏尼经贸洽谈会等展会平台和机制，支持企业加大对尼经贸合作，扩大自产产品出口能力。积极推动尼泊尔饲草料、中草药等输华准入工作，扩大自尼进口。

大力推进对印工作力度。加速建立与印度政府间的官方磋商沟通机制，推动减少中印乃堆拉边贸通道印度单方面限制清单、交易人数和车辆限制，提升贸易便利化水平，促进中印边贸进一步发展。

深化与毗邻国家的海关、检验检疫、标准、认证、国境运输等方面的合作，在强化传统货物贸易合作的基础上，积极探索和推动金融、水能、环保、清洁能源等新领域的投资合作，打造双边经贸合作升级版。

注重培育边贸综合服务企业。努力推进培育一批生产规模大、技术装备先进、资源综合开发利用水平高的外贸龙头企业，重点培育西藏对尼边贸企业。

四、提升信息技术水平[①]

为了进一步提升农牧区农牧民的消费水平，促进农牧区电商进一步发展，《西藏自治区“十四五”时期国民经济和社会发展规划纲要》以及西藏各地市《“十四五”时期国民经济和社会发展规划纲要》，都指出要抓住“数字机遇”，加强顶层设计，加快新一代信息基础设施建设，提升互联网与经济社会各领域融合发展水平，培育新业态，保障网络信息安全，推动信息化发展。

（一）加强信息基础设施建设

加快“宽带西藏”建设，完善城镇网络信息基础设施，实施城镇基础网络完善工程，实现所有乡镇通光缆，推进光纤到户，落实光纤到户建设强制性国家标准。加快宽带入乡进村，开展网络提速降费行动，实施“宽带乡村”工程，加快4G网络部署和应用，大幅提高网络访问速率，有效降低网络资费。

推进“移动广覆盖”，扩大移动通信网络覆盖面，逐步消除移动通信信号盲区，持续扩大WLAN网络覆盖范围。优化网络结构，提升网络承载能力。完善应急通信保障体系，加强应急通信、党政专用通信和无线电保障能力，持续加强应急通信和专用网络能力建设。完善通信普遍

① 引自《西藏自治区“十四五”时期国民经济和社会发展规划纲要》以及西藏各地市《“十四五”时期国民经济和社会发展规划纲要》

服务补偿机制，积极推进“三网融合”，促进电信网、广电网和互联网三网融合。

（二）加快智慧西藏建设

推进“互联网+”行动计划，推动互联网与经济社会各领域深入融合和创新发展，加强云计算、大数据技术应用，发展网络经济。加快电子政务建设，推进电子政务工程，实现县级以上单位全面接入西藏统一的电子政务外网和内网传输网络，逐步实现业务向电子政务网的迁移。推进信息资源共享共用和数据开放利用。加快“三农”信息服务体系建设，建立农村综合信息平台，实现100%行政村建有农村信息服务平台。

推动信息化和工业化深度融合，支持物联网等技术发展，促进传统产业转型升级。积极发展电子商务，建设电子商务平台，推动安全认证、综合信息认证、支付结算、仓储物流等支撑体系建设。引导网络营销、现代物流和第三方支付企业有序发展，搭建西藏特色优势产品“网上天路”。加强跨语言跨终端网络综合信息服务，发挥互联网信息技术在强农惠农、精准脱贫和基本公共服务均等化中的作用。扶持软件开发和信息技术服务行业发展，加快推进藏语文软件和信息化关键技术研发应用。加快益民服务、普惠金融等领域信息化进程，提升信息惠民水平。

（三）加强网络与信息安全

强化网络与信息安全防范措施，健全安全等级保护、安全评估检测、应急演练等监管制度，提升网络信息综合管控能力，确保重要领域信息网络和控制系统安全。规范网络信息登记，完善网络实名认证。实行数据资源分级分类管理，加强信息资源和个人信息保护。加强互联网舆情管理。

提升网络与信息安全保障水平。健全安全防护和管理，确保能源、交通、金融等重要信息系统和电信网、广播电视网、互联网等基础信息网络安全，加强政府和涉密信息系统安全管理，强化信息资源和个人信息保护。加强互联网信息内容管理，促进互联网信息服务健康有序发展，维护国家安全和公共利益。

第四节　保障措施

一、创新开放合作机制

贯彻落实中央关于加快沿边开发步伐，允许重点沿边口岸、城镇实行特殊方式和政策的要求，积极创新开放开发合作机制，构建开放型经济新体制，以开放促发展、促稳定，加快扩大边境地区对外开放范围，整体推进西藏对外开放进程。

积极构筑促进贸易的政策体系。包括制订促进外贸发展的政策，并建立相应的配套规则，建立贸易争端解决机制以及建立口岸大通关制度等。

加快建立跨国合作机制。综合运用政治、经济、外交、法律、宣传等多种手段，加强与邻国政策与体制的相互协调，主动开展外事工作，务实推进与邻国形成政府、军方、民间多层次、多形式的沟通磋商机制。加强中印沟通磋商，深化中尼合作与交流，加强与毗邻国家协商合作，加强政府、军方跨国公务交往。在跨国合作机制下加强与邻国地方公务人员往来，深化政府机构和军方、警方互信和合作关系。

创新开放开发模式。借鉴国内外经验，积极探索跨（边）境经济合作区、开发开放试验区、跨境旅游合作区、自由贸易区等开放合作新模式。支持吉隆口岸先行先试、探索跨境旅游合作、研究论证其他开放开发形式。

二、合理利用土地资源

以《西藏自治区主体功能区规划》为指导，优化土地结构，提高土地使用效率。在保障农业用地的前提下，积极进行宜农宜林荒地开发，集约高效利用土地资源，提高对闲置和利用效率较低的建设用地的高效利用，确保对基础设施等重点项目建设的用地供给。

在边境地区、口岸中心城镇和贸易发展带上优先安排道路、口岸基础设施、边贸市场、仓储物流基地等与边境货物直接相关的用地，对重点口岸、重点项目实行建设用地计划单列制度，优先供给建设用地。在旅游发展带上重点布置旅游服务设施用地。对于将荒漠荒滩开发改造为边贸物流产业建设用地并能形成水土保持、环境改善等项目，应予大力鼓励和扶助。

根据边贸物流产业发展的需要，及时开展土地整理和土地储备工作。鼓励社会力量开发边境地区的宜农宜林荒地和治理水土流失，增加耕地、草场和林地面积。统筹产业发展与各类自然保护区和重点生态功能化区的保护，根据实际推进珠峰国家级自然保护区范围的调整。

三、筑牢生态安全屏障

保护边境生态环境。西藏边境地区生态环境保护要求高，特别是边境口岸处于喜马拉雅中段生态屏障区、阿里地区西部土地荒漠化预防区两大重点生态功能区范围内，边境县乡还有国家级自然保护区、国家森林公园、国家湿地公园等禁止开发区域，应坚持保护为先，牢固树立生态文明建设意识，贯彻落实国家相关法律法规和规划的要求，统筹边贸物流产业发展和生态环境保护的关系，确保产业建设和发展活动在生态环境承载力范围内。

强化生态安全和修复。边贸物流产业发展建设强度大，影响面广，必须筑牢生态安全屏障，实现人与自然和谐相处。贯彻落实相关法规和规划。认真实施《西藏生态安全屏障保护与建设规划（2008–2030）年》、《西藏自治区主体功能区规划》，划定生态红线，加强对口岸地区各类自然保护区、重点生态功能区的保护和建设。严格执行《中华人民共和国自然保护区管理条例》、《西藏自治区实施<中华人民共和国自然保护区管理条例>》（特批）的要求，在自然保护区内的建设项目必须履行自然保护区行政审批程序，按照建设项目使用林地审核审批的要求办理使用林地手续，坚决杜绝和防止发生未批建和违规征占等违法行为。

实施环境综合治理。随着边贸活动的增加，特色产业的发展、城镇建设的推进和人流物流的往来都将会造成环境压力，必须采取综合措施，加强环境综合整治和管理，走绿色发展道路。推进绿色发展，转变生产方式，对所有新建、改建、扩建项目严格实行环境影响评价和“三同时”制度，强化环境治理，减缓对社会环境的影响，加强环境监测能力建设，改善环境治理基础制度加快建设资源节约型、环境友好型社会，走生产发展、生活富裕、生态良好的发展道路。

四、建立健全支持政策

建立健全促进边贸物流产业发展的财政税收、金融、投融资以及区域合作政策。

财政税收政策。完善财政支持边贸物流产业发展的政策措施。用好国家对产业发展的建设资金和自治区产业发展建设专项资金，提高资金使用效率，充分发挥资金使用效益。

投融资政策。建立健全政府引导，以企业为主体，吸收金融机构和社会资本参与投融资体系。鼓励运用政府和社会资本合作模式，吸引各方投资参与边贸物流产业发展的基础性项目。积极培育壮大边贸发展龙头企业并支持上市融资。积极组织推进“政府牵头、多方出资、市场运作”的模式，筹划完善贷款担保机构，探索“抱团增信”的中心企业担保融资机制。

金融政策。深入推进跨境人民币业务，努力探索西藏跨境人民币业务创新试点。落实国家对西藏的金融优惠政策，推动国内商业银行、政策性银行支持边贸物流产业的建设和发展。

区域合作。广泛利用区域合作平台与机制，大力推进边贸交流合作。深化边境口岸和城镇与周边国家、地区和省区的互知互信互利，推进西藏边境与丝绸之路经济沿线以及孟中印缅经济走廊、邻国对应口岸的交流。

五、加大人才队伍建设

加大人才培养和引进力度，提供人才保障。通过定向分配、社会招聘、援藏交流等形式，构建跨地区、跨行业的人才网络。重点培养、引进对外贸易、城市建设、生态环境保护、旅游领域各类专业技术人才、经营管理人才。深化人才管理体制改革，采取特殊政策和灵活方式，大力挖掘、利用人才资源。完善考核评价、选拔任用、交流配置、激励保障制度，形成有利于人才发展的制度环境。

在培养、使用好现有人才的基础上，继续利用对口援藏等机遇，通过创新思路、机制和政策，大力培养和引进专业技术和管理人才。建立柔性引才机制和绿色通道，以双向挂职、项目合作、短期工作、专业技术指导等形式，吸引各类人才以多种方式参与西藏边贸物流产业建设。

参考文献

[1] 洛桑江村，西藏自治区人民政府 2016 年政府工作报告 [EB/OL]，西藏日报（转引人民网）2016-2-6.

[2] 西藏自治区第三次全国经济普查主要数据公报 [EB/OL]，西藏人民政府网站，2015-03-11.

[3] 西藏自治区“十三五”、“十四五”时期国民经济和社会发展规划纲要 [EB/OL]，西藏自治区人民政府网站，2016-03-11，2020-12-27

[4] 丁俊发，城乡经济一体化与物流业发展 [J]，中国流通经济，2011（8）：8-10.

[5] 卢美丽，城乡物流一体化体系的构建和评价 [J]，农业经济问题，2012（33）：34-39.

[6] 万代黎 . 分形理论视角下京津冀区域物流空间结构分析 [J]. 商业经济研究，2016（8）：98-101.

[7] 刘彩霞，区域物流发展水平评价体系构建实证研究 [D]，西安：长安大学，2012.

[8] 李国旗，区域物流一体化发展的动力及相互作用机制研究 [J]，华东经济管理，2013（6）：114-117.

[9] 王晓艳，杨学春，新型城镇化背景下城乡物流一体化发展研究 [J]，中国物流学术前沿研究，2015（11）：67-76.

[10] 西藏自治区统计局 . 西藏统计年鉴 1990-2021[G]，北京：中国统计出版社 .

[11] 中华人民共和国国家统计局 . 中国统计年鉴（2000 ~ 2010）[EB/

OL]，[2015-05-01].http：//www.stats.gov.cn/tjsj/ndsj/.

[12] 刘妤，《新常态下西藏区域物流与区域经济互动关系研究 -- 基于西藏 1995-2014 年面板数据为例》[J].《西藏大学学报》（社科版）2017（3）.

[13] 西藏自治区统计局 . 西藏统计年鉴，2010-2021.

[14] 刘建强，何景华 . 交通运输业与国民经济发展的实证研究 [J]. 交通运输系统工程息，2002.（1）82-86.

[15] 刘秉镰，赵金涛 . 中国交通运输与区域经济发展因果关系的实证研究 [J]. 中国软科学，2005 （6）101-106.

[16] 王庆云 . 交通运输与经济发展的内在关系 [J]. 综合运输，2003（（7）4-7.

[17] 刘思峰，党耀国，方志耕等 . 灰色系统理论及其应用 [M]. 北京：科学出版社，2004.

[18] 尕藏才旦，尼古拉・查强，辛馨 . 西藏物流产业发展特性探析 [J]. 西藏大学学报（社会科学版），2010（1）：18-25.

[19] 刘妤，《新常态下西藏区域物流与区域经济互动关系研究 -- 基于西藏 1995-2014 年面板数据为例》[J].《西藏大学学报》（社科版）2017（1）144-149.

[20] 李海建 . 区域物流中心（城市）空间体系及驱动机理研究 [J]. 世界地理研究，2005（12）：35-41.

[21] 戢晓峰 . 产业视角下区域物流的空间分析 -- 云南物流业发展报告 [M]. 北京：科学出版社，2016.

[22] 王庆云 . 交通运输与经济发展的内在关系 [J]. 综合运输，2003.

[23] 毛阳海 . 论“丝绸之路经济带”与西藏经济外向发展 [J]. 西藏大学学报（社会科学版）.2014 （6）.

[24] 刘睿 . 青藏铁路对西藏经济发展影响研究 [D]. 中央民族大学硕士论文，2011.

[25] 李静玮，青藏铁路通车 10 年［N］，中国国家地理，2016（07）.

[26] 西藏自治区第三次全国经济普查主要数据公报 [EB/OL]. 西藏人民政府网站，2015–03–11.

[27]《国务院办公厅关于加快发展冷链物流保障食品安全促进消费升级的意见》. 国办发〔2017〕29 号 .

[28]《农业农村部关于加快农产品仓储保鲜冷链设施建设的实施意见》. 农市发〔2020〕2 号 .

[29]《西藏自治区国民经济和社会发展第十四个五年规划和二〇三五年远景目标纲要》[N] 西藏日报（汉）.2021.03.28.（004）.

[30] 刺美香，李玉萍 . 基于 FAHP 的山西省农产品冷链物流综合评价 [J]. 山西农业科学，2017，45（8）.

[31] 罗希 . 西藏昌都冷链物流市场行业分析与发展方案研究 [D]. 电子科技大学 .2020.04.

[32] 徐剑，林国志 . 物流产业创新的途径与机制 [J]. 沈阳工业大学学报（社会科学版），2016，9（6）.

[33] 李碧珍 . 农产品物流模型创新研究 [M]. 北京：社会科学文献出版社 .2010.

[34] 范剑勇 . 产业集聚与区域经济协调发展 [M]. 北京：人民出版社 .2013（高校社科文库）.

[35] 吴进凯 . 我国现代农产品物流体系发展研究 [D]. 浙江工商大学 .2010.

[36] 郭健全，张孟可 . "一带一路"倡议背景下绿色物流与环境、经济增长 [J]. 沈阳工业大学学报（社会科学版）.2020.09.

[37] 赵洁玉，刘然，刘哲等 . 中国绿色物流的发展现状及建议 [J]. 中国经贸导刊，2019（8）：46–47.

后 记

“西藏特色产业高质量发展研究”重大委托课题之子课题——《西藏边贸物流产业研究》是由西藏民族大学和西藏商务厅共同承担西藏文化传承发展省部共建协同创新中心委托课题的一部研究报告。本报告是在当前区域非均衡发展的大背景下，针对西藏独特的区域特征，抓住边贸物流这一关键环节，展开了深入调研，进行了详细剖析，探讨了优化思路，为西藏区域物流资源的合理配置提出了相应对策。西藏边贸物流产业作为政府生产性投资和消费性投资的重要领域，既是创建高原经济高质量发展先行区的重要组成部分，也是保障西藏加快融入以国内大循环为主体、国内国际双循环相互促进的新发展格局的关键环节，应该在学术界和政策界从宏观层面、微观层面广泛关注，从深度上、广度上持续拓展，从理论上、实践上不断创新，本研究仅当抛砖引玉之用。

本报告由西藏民族大学刘妤教授（第一、二、三、四、七、九、十、十一、十二章）、王璐瑶老师（第一、六、八章）、以及戴婧妮博士（第二、五章）共同编写。为完成课题研究任务，在西藏商务厅的积极支持和大力配合下，课题组成员多次深入西藏各地市开展调查研究，广泛收集文献资料，得到西藏各地市广大干部群众大力支持，在此深表感谢！感谢西藏自治区商务厅对外经贸处、日喀则市商务局、阿里地区商务局等对本报告给予的大力支持，特别感谢西藏商务厅王平副厅长、时任阿里地区改则县县委益西土登书记（阿里地区政协副主席）、时任对外经贸处苏斌处长（援藏干部）、徐树强副处长以及阿里地区商务局赵文忠局长在本书撰写过程中给予的真知灼见。同时感谢中国西藏新闻网对本报告阶段性成果的新闻刊载以及辽宁宏图创展测绘勘察有限公司西安分公司总经理刘婕给予的技术指导。在此对西藏民族大学吴梦羽、李方正、夏伟义、张志伟、张世玉等研究生同学对本书撰写付出的辛劳一并感谢。最后感谢西藏文化传承发展协同创新中心对本报告编写给予的鼎力资助，特此鸣谢西藏民族大学刘凯教授、陈敦山教授、毛阳海教授、张传庆教授对本书撰写的悉心指导。

由于工作量大和时间仓促，加之编写组水平有限，疏漏之处在所难免。敬请广大读者指正赐教！

刘　好

二〇二二年三月